Hansmartin Lochner

Charismatische Erneuerung

Ein Weg der Neuevangelisierung

kirche *heute*

*„Im Herzen
einer vom rationalistischen Skeptizismus
ausgetrockneten Welt ist eine* ***neue Erfahrung des
Heiligen Geistes*** *entstanden, die das Ausmaß einer*
Erneuerungsbewegung auf Weltebene
angenommen hat."

Joseph Kardinal Ratzinger/Papst Benedikt XVI.
in seinem Buch „Zur Lage des Glaubens"

Bibliografische Information der Deutschen Bibliothek

Die Deutsche Bibliothek verzeichnet diese Publikation in der Deutschen Nationalbibliografie; detaillierte bibliografische Daten sind im Internet über http://dnb.ddb.de abrufbar.

Bildernachweis: Titelbild, Bild 3. Umschlagseite, S. 30, S. 46: KNA-Bild; Bild S. 95: Sipa Press; Bilder sonst: Charismatische Erneuerung e.V.

Druck: Gebr. Geiselberger GmbH, Altötting
Printed in Germany

ISBN: 978-3-9810196-2-9

Inhaltsverzeichnis

Vorwort

Die Kirche in Mitteleuropa erlebt heute eine Zeit radikalen Umbruchs. Eine nahezu tausendjährige Ära geht zu Ende, eine Zeit, in der es selbstverständlich war, schon als Säugling getauft zu werden und hinterher als Christ zu leben und zu sterben.

In unseren Tagen hat sich das geändert: Viele junge Menschen wachsen nicht mehr in die Kirche hinein, bleiben dem Gottesdienst fern und lassen später auch ihre Kinder nicht mehr taufen. So breitet sich mitten unter uns eine neue heidnische Welt aus, in die von allen Seiten fremde nichtchristliche Kulte, fernöstliche Religionen und esoterische Strömungen einfließen.

Diese Situation gleicht der Zeit der frühen Christenheit, die vor der Aufgabe stand, inmitten einer heidnischen Umwelt den Glauben so überzeugend vorzuleben und weiterzugeben, dass sie ständig neue Gemeindeglieder gewinnen konnte.

Vor der gleichen Herausforderung stehen wir heute und deshalb müssen wir bei der Neuevangelisation die gleichen Wege gehen, die auch die ersten Christen gegangen sind. Von ihnen heißt es im Markus-Evangelium: „Sie aber zogen aus und predigten überall. Der Herr stand ihnen bei und bekräftigte die Verkündigung durch die Zeichen, die er geschehen ließ“ (Mk 16,20). Und diese Zeichen hatte der Herr ihnen ja im Voraus angekündet, als er zu den Jüngern sagte: „Geht und verkündet: Das Himmelreich ist nahe. Heilt Kranke, weckt Tote auf, macht Aussätzige rein, treibt Dämonen aus!“ (Mt 10,7 f.). Dieser Auftrag gilt für uns heute noch genauso wie für die ersten Christen.

Gott, der im Voraus wusste, dass die Kirche in unseren Tagen von einer schweren Krise heimgesucht werde, hat schon vor vielen Jahren eine Neuausgießung seines Geistes vorbereitet, indem er zahlreiche neue geistliche Bewegungen ins Leben rief. Einer von ihnen, der „Charismatischen Erneuerung", hat er die Bedeutung der Geistesgaben für die heute dringend geforderte Neuevangelisation wieder entdecken lassen. Über die Entstehung dieser Bewegung, ihren Auftrag und ihre Hintergründe will die vorliegende Schrift informieren. Sie geht auf eine Vortragsreihe bei „Radio Horeb" zurück. Deshalb wurde auch die Form der direkten Rede und des persönlichen Zeugnisses beibehalten.

So wünsche ich mir aufmerksame Leser, die sich vom Geist Gottes entzünden lassen und mithelfen, dass bei uns in Mitteleuropa eine umfassende kirchliche Erneuerung und eine machtvolle Neuevangelisation in Gang kommen.

Dr. Hansmartin Lochner

„Charismatische Erneuerung“ – warum und wozu?

Die „Charismatische Erneuerung" hat sich in den letzten Jahrzehnten auf der ganzen Welt ausgebreitet, auch über weite Bereiche Europas. Sie gibt es außerdem auf ähnliche Weise in nahezu allen Konfessionen. Deshalb ist es verständlich, dass sich heute viele fragen: Was geht hier eigentlich vor? Was will diese Bewegung? Warum ist sie entstanden und warum gerade jetzt?

Ich selbst bin zutiefst überzeugt, dass Gott selbst diese „Charismatische Erneuerung" ins Leben gerufen hat. Aber warum?

Für mich steht fest: *Gott hat die schwere Krise vorausgesehen, die die katholische Kirche heute durchmachen muss.* Dass diese Krise eine Realität ist, dürfte inzwischen jedem klar geworden sein. Der Glaube ist in vielen Menschen erkaltet, viele wandern innerlich aus der Kirche aus, andere besuchen nur noch gelegentlich die Gottesdienste. Das Religiöse ist für viele nur noch eine Randerscheinung.

Besonders tragisch ist die Entwicklung, dass viele junge Familien, vor allem auch junge Frauen der Kirche entfremdet sind und mit ihren Kindern nicht mehr beten und sie auch nicht mehr im Glauben erziehen. Die Folge ist, dass uns heute die Kinder und die Jugendlichen im Gottesdienst fast völlig fehlen. Ich erschrecke immer wieder, wenn ich die leeren Kinderbänke sehe, die früher voller Kinder waren und wo heute nur noch ein oder zwei Kinder zu sehen sind.

Ein Problem ist auch der Religionsunterricht, der diesen Namen weithin schon nicht mehr verdient. Er ist vielfach zu einem Religionskundeunterricht geworden. Die Kinder werden meist nur noch darüber informiert, dass es bei uns heute die verschiedensten Religionen gibt und welche Vorstellungen ihnen zugrunde liegen. Den eigenen katholischen Glauben aber lernen sie kaum noch kennen. Ich weiß aus Erfahrung, dass manche Jugendliche bei der Schulentlassung so gut wie nichts über den Schöpfer, über Jesus oder die Sakramente wissen. Von diesen mangelnden Kenntnissen kann sich jeder selbst überzeugen, der Schüler der Haupt- oder Realschule bzw. der Gymnasien etwa nach dem Sinn unserer Festtage, nach den Sakramenten oder nach dem Glaubensbekenntnis fragt.

Im „Gotteslob" heißt es auf Seite 83 unter Nr. 44/2: „Wenn Gott in der Taufe Kinder in seine Kirche aufnimmt, übernimmt die Pfarrgemeinde mit den Eltern die schwere Pflicht, dem Kind durch Unterricht und durch das Vorleben des Glaubens die spätere persönliche Glaubensentscheidung möglich zu machen." Diese Katechese aber gibt es für die heute heranwachsende Generation praktisch nicht mehr. Und was im Kommunion- und Firmunterricht geschieht, reicht bei weitem nicht aus. Deshalb sind die meisten Kinder und Jugendlichen – wie jeder Pfarrer weiß – nach Empfang dieser Sakramente in der Kirche auch nicht mehr zu sehen. Ich verstehe deshalb nicht, warum unsere Bischöfe es zulassen, dass ein Jahrgang nach dem anderen nicht mehr wirklich in den Glauben eingeführt wird und so der Kirche verloren geht. Die Folge ist, dass viele Gemeinden zunehmend überaltert sind, dass die Kirchenbesucher im Alter von über fünfzig Jahren zwar noch stark vertreten sind, die Jüngeren aber immer mehr fehlen.

Dieser Vorgang ist nicht neu. Er hat schon vor mindestens fünfzig Jahren begonnen. 1949, als ich katholisch wurde, waren die Kirchen an jedem Sonntag noch so voll, dass man zehn Minuten vor Gottesdienstbeginn oft schon keinen Platz mehr bekommen konnte. Wenn man heute in die gleichen Kirchen kommt, kann man sich die Bank aussuchen, in der man sitzen möchte. Und manche Bänke sind vollkommen leer.

Inzwischen wird diese Entwicklung auch in den Ordinariaten wahrgenommen. Auf einmal gibt es finanzielle Engpässe, weil die Zahl der Kirchensteuerzahler zurückgegangen ist. Nicht wenige haben ihren Austritt aus der Kirche erklärt. Die Zahl der jungen Eltern, die ihre Kinder nicht mehr taufen lassen, steigt von Jahr zu Jahr. Als Folge der nachlassenden Kirchensteuereinnahmen werden Pfarreien zusammengelegt, können Kirchen und kirchliche Einrichtungen nicht mehr erhalten und müssen Gotteshäuser zum Verkauf angeboten werden. Manche Diözesen planen, Kirchen in größerer Anzahl zu veräußern. Dazu aber kommt noch die Herausforderung durch den Islam, der sich auch bei uns in Deutschland immer stärker ausbreitet.

Die vergessene übernatürliche Welt

Eine Hauptursache dieser Krise ist meines Erachtens das Vergessen der unsichtbaren übernatürlichen Welt und auch des Heiligen Geistes.

So weiß man heute weithin nichts mehr über Wunder und Gebetserhörungen. Wer Theologie studiert, erfährt kaum noch etwas über all die wunderbaren Ereignisse, die im Laufe der Kirchengeschichte geschehen sind. In den Vorlesungen werden vielmehr Zweifel gesät, ob Jesus tatsächlich vom Heiligen Geist gezeugt worden und ob er leibhaftig auferstanden ist. Da die Wirklichkeit des Heiligen Geistes nicht mehr wahrgenommen und auch der Gedanke einer Inspiration der Heiligen Schrift weithin nicht mehr verstanden wird, werden viele Berichte der Evangelien angezweifelt. Der materielle Zeitgeist, wonach nur das Diesseitige wirklich real ist, hat auch bei uns in der Kirche Einzug gehalten.

Wie sehr die Frage nach dem Heil der Seele und der Bedeutung des ewigen Lebens aus unserem Bewusstsein geschwunden ist, wird auch daran deutlich, dass der Missionsgedanke stark in den Hintergrund getreten ist. Eine Zeitschrift beispielsweise, die sich besonders der Weckung geistlicher Berufungen widmet, befragte eine Reihe junger Leute, wie sie über „Mission“ denken. Ohne Ausnahme sprachen alle in ihrer Antwort nur von Entwicklungshilfe. Die geistige Not des Menschen, der Gott nicht mehr kennt und in Gefahr ist, für immer verloren zu gehen, wird kaum mehr gesehen. Ja, man zweifelt, ob es so etwas wie „Verlorengehen“ überhaupt gibt. Im Hintergrund steht der Gedanke: Der „liebe Gott“ ist so „lieb“, dass er gar niemanden verloren gehen lassen kann. Deshalb hält man Mission für mehr oder weniger überflüssig. Ja, materielle Not, die müsse man lindern. Das sei etwas Konkretes. Alles andere aber zählt letztlich nicht.

Vor einiger Zeit wies auch der Papst in einer Ansprache auf diesen Sachverhalt hin: Wenn ausländische Bischöfe aus der Dritten Welt nach Deutschland kämen und für missionarische Projekte Hilfe erbäten, dann heiße es gleich: Nein, das unterstützen wir nicht. Wenn sie aber für Projekte der Entwicklungshilfe Gelder bräuchten, da habe man offene Ohren.

Während der Heilige Geist dem Menschen durch die Gabe der „Unterscheidung der Geister“ die Augen öffnet, damit er die verschiedenen Geistwesen wahrnehmen und unterscheiden kann, weiß man heute vielfach nicht mehr, dass es die Engelmächte, aber auch die „Mächte der Finsternis“ tatsächlich gibt und dass sie ständig auf uns einzuwirken suchen. Wenn es heute etwa zu furchtbaren, von Jugendlichen verursachten Bluttaten kommt, dann diskutiert man lang und breit über alle möglichen Ursachen und Abhilfemaßnahmen. Aber die eigentliche Ursache wird nicht mehr erkannt: *der verbreitete Abfall von Gott.* Wer seine Verbin-

Die sel. Schwester Elena Guerra (1835-1914) inspirierte Papst Leo XIII. zu mehreren Lehrschreiben über den Heiligen Geist. Papst Johannes XXIII. sprach sie 1959 selig und nannte sie eine „Missionarin der Verehrung des Heiligen Geistes in der heutigen Zeit".

dung zu Gott einschlafen lässt, der steht mehr oder weniger in Gefahr, vom Bösen überwältigt zu werden.

In dieser Hinsicht ist auch folgende Beobachtung interessant: Wiederholt wurde im Zusammenhang mit solchen Untaten bekannt, dass die betreffenden Jugendlichen mit satanistischen oder damit verwandten Gruppen in Verbindung standen. Aber das wird – trotz eindeutiger Beweise – sofort in Abrede gestellt oder nicht zur Kenntnis genommen. Ein Dogma der glaubensfernen Welt lautet: Solche „Mächte der Finsternis" gibt es nicht und ebenso wenig eine übernatürliche Welt. Vielmehr geht auf Erden alles mit natürlichen Dingen zu. Und diese verkehrte Denkweise hat sich auch in die Kirche eingeschlichen, wobei für viele der Heilige Geist nur noch ein theoretisches Dasein fristet, aber keine erfahrbare Wirklichkeit mehr darstellt.

Wir haben die übernatürliche Welt ausgeklammert. Die meisten aber spüren, dass es diese Welt gibt. Deshalb wenden sich heute viele der Esoterik, den fernöstlichen Religionen und teilweise auch dem Okkultismus zu. Sie wissen instinktiv um das Übernatürliche, aber sie suchen es nicht in der Form, in der es uns von Gott geoffenbart worden ist. Stattdessen suchen sie es dort, wo die Mächte der Finsternis herrschen. Und sie kommen leider auch oft in Verbindung mit diesen Mächten, ohne es selbst zu merken und ohne von ihren Seelsorgern gewarnt zu werden. Die Folge ist nicht selten ein Widerwille gegen alles Christliche und gegen die Kirche.

Schwester Elena, Papst Leo XIII. und das „Neue Pfingsten"

Das weitgehende Vergessen des Heiligen Geistes ist ein großes Problem. Und genau das hat um 1890 Schwester

Elena Guerra (1835-1914) bewogen, alles zu tun, um den Heiligen Geist wieder in den Mittelpunkt des kirchlichen Lebens und Denkens zu stellen. Sie richtete damals an Papst Leo XIII. ein Schreiben, in dem es heißt, dass das zwanzigste Jahrhundert ein Jahrhundert des Heiligen Geistes werden müsse. Interessanterweise sprach Johannes XXIII. bei der Eröffnung des II. Vatikanischen Konzils davon, dass er ein neues Pfingsten für die Kirche erwarte. Das war seine große Hoffnung. Johannes XXIII. wusste um Elena Guerra und ihre damalige Initiative, denn er sprach sie während seines Pontifikats selig. Und einige Jahre später begann in der katholischen Kirche tatsächlich diese Öffnung für ein neues Pfingsten, also für eine neue Erfahrung des Heiligen Geistes. Und die hat die Kirche in Deutschland wirklich bitter nötig.

Die „Charismatische Erneuerung", die sich im 20. Jahrhundert langsam aber stetig ausgebreitet hat, möchte zunächst den einzelnen Gläubigen zu einer persönlichen Heilig-Geist-Erfahrung führen. Wer sich darauf einlässt, soll wahrnehmen und erfahren, dass er ein „Tempel des Heiligen Geistes" ist und dass Jesus Christus durch den Heiligen Geist in ihm Wohnung nehmen möchte. Der hl. Paulus sagt: „Wisst ihr nicht, dass euer Leib ein Tempel des Heiligen Geistes ist?" (1 Kor 6,19) Und an anderer Stelle: „Nicht mehr ich lebe, Christus lebt in mir" (Gal 2,20). Das ist eine Grunderfahrung, die jeder Christ machen sollte. Was die Erneuerung anstrebt, ist also letzten Endes nicht nur für einen begrenzten Personenkreis bestimmt. Die lebendige Erfahrung des Heiligen Geistes ist vielmehr für alle Gläubigen ohne Ausnahme lebensnotwendig, besonders in der heutigen Zeit, in der der Glaube so angefochten ist.

In der Apostelgeschichte hat Jesus die Ausgießung des Heiligen Geistes angekündigt. Er sagt: „Johannes hat mit Wasser getauft, ihr aber werdet schon in wenigen Tagen mit dem Heiligen Geist getauft werden" (Apg 1,5). Dieses Wort von der „Taufe im Heiligen Geist" steht im Mittelpunkt der „Charismatischen Erneuerung". Schon die ersten Christen machten eine besondere Erfahrung mit dem Heiligen Geist, und zwar sowohl jene, die sich an Pfingsten auf die Predigt des Apostels Petrus hin bekehrten, als auch jene, die in späteren Jahrzehnten in der Osternacht getauft wurden. Auf sie alle wurde gleich nach der Taufe der Heilige Geist herabgerufen. Und so wie es in der Apostelgeschichte an mehreren Stellen geschildert wird (Apg 2,4; 10,44ff.; 19,6), erwarteten die Gläubigen, dass daraufhin auch Geistesgaben auftreten würden, wie etwa das Beten in neuen Sprachen.

Diese Erfahrung mit dem Heiligen Geist war ursprünglich also mit Taufe und Firmung für alle neuen Christen verbunden und wurde von ihnen auch bewusst so erlebt. Infolge der heute üblichen Kindertaufe ist man dazu übergegangen, die beiden Sakramente Taufe und Firmung zu einem unterschiedlichen Zeitpunkt zu spenden. Wahrscheinlich war man sich bewusst, dass eine gewisse persönliche Reife nötig ist, um die Taufe zu erneuern und bewusst um ein Erfülltwerden mit dem Heiligen Geist zu bitten.

Jeder, der heute in der Seelsorge steht, weiß um das Dilemma, in dem wir bei der Firmvorbereitung stehen. Der Heilige Geist spielt selbst bei den vorbereitenden Treffen keine große Rolle mehr, zumal ihn die meisten Firmhelfer auch nie persönlich kennen gelernt haben. Ich habe mir angewöhnt, Ministranten, die ich in den verschiedenen Gemeinden antreffe, zu fragen: „Na, seid ihr schon gefirmt?" Dann heißt es beispielsweise: „Ja, Herr Pfarrer, im vorigen Jahr sind wir gefirmt worden." Ich frage sie dann immer: „Da wisst ihr also bestimmt, was wir an Pfingsten feiern." Leider gibt es kaum einen Ministranten, der weiß, was an diesem Tag in Jerusalem geschehen ist. Das Wort „Heiliger

Geist“ ist etwas, mit dem die meisten jungen Leute heute fast nichts mehr anzufangen wissen.

Als ich als Diakon in die erste Pfarrei kam, betraute mich der Pfarrer mit der Firmvorbereitung. Er nannte mir die Namen der Firmhelfer, die dieser Aufgabe schon seit Jahren nachkamen. Als ich sie zusammenrief, sagten sie mir: „Herr Diakon, wenn uns die Jugendlichen fragen, was es denn mit dem Heiligen Geist auf sich hat, dann wissen wir ihnen auch keine rechte Antwort zu geben. Können Sie uns da helfen?“ Ich veranstaltete daraufhin ein Vier-Abend-Seminar über den Heiligen Geist mit den entsprechenden Stellen aus der Heiligen Schrift. Nach diesen vier Abenden sagten die Firmhelfer zu mir: „Jetzt wissen wir zum ersten Mal, worum es in der Firmung eigentlich geht.“

Sicherlich ist es nicht leicht, Jugendlichen im Alter von 14 oder 15 Jahren zu erklären, welche Bedeutung der Heilige Geist für das Leben jedes Christen hat. Ich habe diese Schwierigkeit selbst erlebt, zunächst als Laie, später auch als Diakon und Priester. Zum Teil liegt dies am mangelnden Vorwissen bzw. am Religionsunterricht, der das nötige Glaubensfundament nicht mehr vermittelt. Auf diese Weise fällt eine wichtige Station in der kirchlichen Sozialisation aus. Und leider wird sie in der Regel auch später nicht mehr nachgeholt.

Tauf- und Firmerneuerung als Lebensübergabe an den Herrn

Genau aus diesem Grund steht die Erneuerung von Taufe und Firmung im Mittelpunkt der Arbeit der „Charismatischen Erneuerung“. Wir wollen die Gläubigen dahin führen, dass sie das, was Taufe und Firmung bewirken, bewusst bejahen und sich zu eigen machen. Wir regen sie an, ihr Leben neu dem Herrn zu übergeben, zu ihm zu sagen: „Herr, ich gehöre Dir mit allem, was ich bin und habe: mein Leben, meine Zeit, mein Vermögen, meine Familie, meine Gesundheit, alles soll dir gehören. Du allein sollst der Herr meines Lebens sein. Ich will nicht mehr meinen Willen tun, sondern den Deinen. Du sollst an erster Stelle stehen, Du und niemand anderer." Wir sind uns dabei bewusst, dass auch die Gottesmutter ihr Leben seinerzeit ganz in Gottes Hand gegeben hat, als sie zum Engel sagte: „Mir geschehe nach deinem Wort" (Lk 1,38). Sie wusste ja, dass eine nicht verheiratete Mutter mit dem Tod durch Steinigung bestraft werden konnte. Und auch im Leben vieler Heiliger sehen wir ähnliche Formen der Ganzhingabe.

Eine solche Lebensübergabe bedeutet, dass Gott in meinem Leben ab sofort an erster Stelle stehen soll. Denn wenn etwas anderes diesen Platz einnimmt, dann diene ich einem Götzen, aber nicht dem lebendigen Gott. Genau das aber ist ein schwerer Verstoß gegen das erste Gebot, das uns sagt: „Ich bin der Herr, dein Gott. Du sollst keine anderen Götter neben mir haben" (vgl. Ex 20,2f.; Dtn 5,6f.).

Bei diesem Übergabegebet, das in unseren Seminaren von jedem Teilnehmer einzeln und mit eigenen Worten vor der gesamten Gruppe gebetet wird, sagen am Schluss viele: „Herr, und jetzt bitte ich Dich, dass Du mich neu mit dem Heiligen Geist erfüllst. Bitte schenke mir auch alle Geistesgaben, die Du für mich vorgesehen hast." Daraufhin kommen die Seminar- und Gruppenleiter nach vorne, legen jedem Einzelnen die Hände auf und bitten darum, dass der Herr diese Bitte wirklich erfüllen möchte. Nicht selten wird dabei auch die Gottesmutter angerufen, die bekanntlich zusammen mit den Jüngern um die Ausgießung des Heiligen Geistes gebetet hat (Apg 1,12ff.).

Die Seminarteilnehmer haben zuvor die Verheißung des Herrn gehört, der zu uns allen gesagt hat: „Wenn schon ihr, die ihr böse seid, euren Kindern gute Gaben zu geben wisst, wie viel mehr wird der Vater im Himmel denen den Heiligen Geist geben, die ihn darum bitten" (Lk 11,13). Wir sagen ihnen weiter, dass diese Bitte um den Heiligen Geist nicht nur einmal in einem Seminar geäußert werden soll, sondern dass sie jeden Tag neu vor den Herrn gebracht werden kann. Wir alle brauchen den Heiligen Geist ganz dringend. Der Herr hat ja zu uns gesagt: „Ohne mich könnt ihr nichts tun" (Joh 15,5).

Neue Freude am Glauben und am Lobpreis

Menschen, die diesen Schritt tun, erleben meist nicht nur eine Erneuerung ihres persönlichen Glaubens, sondern auch ihres Gebetslebens. Das wirkt sich besonders auf die Mitfeier der Heiligen Messe aus, die oft ganz neu und viel tiefer erlebt wird. Viele berichten auch, dass sie einen neuen Zugang zur Heiligen Schrift gefunden haben, dass diese ganz neu zu ihnen spricht und dass viele Stellen, die sie bisher nicht verstanden haben, sich ihnen jetzt neu erschließen.

Eine weitere häufige Erfahrung besteht darin, dass diese Menschen beginnen, Gott freudig zu loben und immer wieder neu in diesen Lobpreis einzustimmen. Aus diesem Grund sind in der „Charismatischen Erneuerung" viele neue, fröhliche Lieder entstanden, die inzwischen auch in anderen Kreisen gesungen werden. Viele bezeugen, dass sie eine solche Freude an Gott und in Gott vor ihrer „Geisttaufe" noch nie verspürt haben, ebenso wenig den Drang, Gott wirklich aus ganzem Herzen zu loben und zu preisen.

Während des Gebets mit Handauflegung beginnen viele, in neuen Sprachen zu beten. Manche berichten auch, dass sie Bilder eingegeben bekommen, oder dass sie prophetische Impulse verspüren. Bei nicht wenigen wächst das Verlangen, Kranken die Hände aufzulegen und für deren Gesundheit zu beten. In einem Fall bekam eine Gebetsgruppe während des Gebets den Impuls, zu einem ihnen fremden Pfarrer ins Krankenhaus zu gehen, weil Sie erfahren hatten, dass er schon lange dort liege und nicht genesen könne. Nachdem sie für ihn gebetet und ihm die Hände aufgelegt hatten, kam er tatsächlich zu neuen Kräften und konnte seinen Dienst wieder aufnehmen. In seiner Pfarrei veranstaltete er daraufhin Heilig-Geist-Seminare, die zur Entstehung mehrerer neuer Gebetsgruppen führten.

Nach einem solchen Seminar machen viele zum ersten Mal die wichtige Erfahrung, dass sie vom Herrn geführt werden. Voll Freude bezeugen sie, wie sie erleben, dass der Herr ihnen hilft, die richtigen Entscheidungen zu treffen, und dass er ihnen auch in den täglichen Sorgen und Anliegen beisteht. Sie erfahren, dass der Herr ihre Gebete erhört und hilfreich in ihr persönliches Leben eingreift. Das ist etwas, was heute ja oft in Abrede gestellt wird. Viele Theologen meinen ja, dass Gott gar nicht in das weltliche Geschehen eingreifen könne und unser Gebet nur uns selbst verändere, dass aber von Gott her nichts geschehe. In der „Charismatischen Erneuerung“ aber erfahren viele heute genau das Gegenteil und davon legen sie auch häufig Zeugnis ab.

Zwei weitere Dinge sind wichtig: Zum einen geht es darum, dass wir wahrnehmen, wenn Gott zu uns spricht und uns den Weg zeigt, den er für uns vorgesehen hat. Zum anderen aber ist damit die Gabe der Unterscheidung der Geister verbunden. Sie hilft uns wahrzunehmen, ob bestimmte Impulse aus uns selbst stammen, ob hier eine Macht der Finsternis zu uns spricht, oder ob wir vom Herrn bzw. seinem Engel angeredet werden. Dank dieser Gabe hat die

„Charismatische Erneuerung“ wieder neu entdeckt, dass es die Welt der Finsternis und der bösen Mächte tatsächlich gibt. Bekanntlich hat dies die heute noch herrschende Theologie weithin vergessen. Ich selbst habe in Vorlesungen gehört, dass wir heute keine Exorzismen mehr bräuchten. Diese seien lediglich ein Überbleibsel aus dem Mittelalter. Damals hätten die Leute eben noch so komische Vorstellungen von „bösen Mächten“ gehabt, aber das sei schon lange vorbei. Wir Heutigen könnten damit nichts mehr anfangen.

In der „Charismatischen Erneuerung“ erleben wir freilich genau das Gegenteil. *Viele Leute brauchen heute Befreiung.* Sie warten auf seelsorgliche Hilfe und wünschen, dass für sie und mit ihnen gebetet wird. Viele Gläubige beschweren sich bei uns: Sie seien schon bei vielen Pfarrern gewesen und immer wieder habe es geheißen: „Ja, mit Ihren Anliegen, da müssen Sie zum Psychologen oder zum Psychiater gehen.“ Oder: „Sie müssen eben eine Therapie machen.“ Eine Seelsorge, die auf diese Phänomene antwortet, gibt es offensichtlich weithin nicht mehr. Dafür weiß man sich kirchlicherseits sozusagen nicht mehr zuständig. Aber unsere Gläubigen wissen besser als viele Seelsorger, dass die Mächte der Finsternis tatsächlich existieren. Sie fühlen sich von ihnen angegriffen und spüren, dass sie Hilfe bräuchten.

Ohne Heiligen Geist keine Neuevangelisation

Der zweite Auftrag, den der Herr der „Charismatischen Erneuerung“ anvertraut hat, ist die Neuevangelisation.

Wer in den letzten Jahren die Ansprachen der Päpste verfolgte, konnte feststellen, wie oft etwa Johannes Paul II. das Wort „Neuevangelisation“ in den Mund nahm. Ständig mahnte er sie an und betonte, sie sei dringend geboten. In Deutschland aber ist bisher wenig oder gar nichts geschehen. Mit wenigen Ausnahmen haben die Bischöfe kaum darüber gesprochen. Und in den Seelsorgeämtern weiß man offensichtlich auch nicht, wie man diese Neuevangelisation praktisch anpacken soll. Deshalb läuft Jahr für Jahr alles so weiter wie bisher. Trotz aller Aktivität und aller Geschäftigkeit schrumpfen die Gemeinden. Neubekehrungen sind seltene Einzelfälle und nicht das Ergebnis einer umfassenden missionarischen Tätigkeit. Auch das hervorragende Instrument des „Alphakurses" wird katholischerseits kaum aufgegriffen, ja teilweise sogar als irreführend abgelehnt.

Ohne den Heiligen Geist und ohne ein neues Sich-Öffnen für die „Kraft von oben" aber gibt es keine Neuevangelisation. Deshalb müsste jeder Priester und Seelsorger vor Gott hintreten und sagen: „Herr, bitte erfülle mich jetzt neu mit Deinem Heiligen Geist. Ich stelle mich Dir als Werkzeug zur Verfügung, damit Du durch mich handeln kannst." Bei aller Arbeit für das Reich Gottes geht es ja immer um ein gemeinsames Handeln von Gott und Mensch. Wir müssen aufhören, ausschließlich auf unsere menschlichen Fähigkeiten und Einsichten zu vertrauen. Vielmehr müssen wir immer wieder den Herrn fragen: „Herr, was ist Dein Wille? Was willst Du, dass ich tun soll?" So sollten wir ständig mit dem Herrn kooperieren, mit ihm zusammenarbeiten und uns von ihm leiten lassen. Damit der Geist Gottes in unsere Gemeinden und auch in unsere Pfarrgemeinderäte wirken kann, ist es erforderlich, dass die Bischöfe, Priester und Seelsorger vorangehen. Zuallererst müssen sie vom Geist Erfüllte und vom Geist Vorangetriebene werden. Nichts anderes ist für die Zukunft der Kirche und für die Neuevangelisation wichtiger als das.

Schauen wir in die Frühzeit der Kirche. Jesus gibt den Jüngern zwar den Befehl, in die Welt hinauszugehen und allen die Frohe Botschaft zu verkünden. Aber zunächst sagt er ihnen: „Bleibt in der Stadt, bis ihr mit der Kraft von oben erfüllt seid“ (Lk 24,49). Er wusste ganz genau: Wenn diese Erfüllung mit der Kraft von oben nicht stattfindet, dann hat es gar keinen Wert, hinauszugehen und zu predigen. Außerdem fehlt den Jüngern dann der Mut, das zu tun, was der Herr ihnen aufgetragen hat. Sie sollen ja wie Schafe unter die Wölfe gehen und sich der Gefahr aussetzen, von diesen umgebracht zu werden. Diesen Mut, diese Bereitschaft, für Jesus notfalls in den Tod zu gehen, schenkt erfahrungsgemäß nur der Heilige Geist. Wir alle erleben ja immer wieder unsere Ängstlichkeit und unsere Schwächen. Nur der Herr kann uns im Heiligen Geist die nötige Kraft und den Mut zu diesem Wagnis geben. Was wir also heute brauchen, sind Glaubensboten, die im Heiligen Geist brennen und von ihm vorangetrieben werden.

In der jüngeren Generation gibt es schon vereinzelt solche Leute. Es zeichnet sich bereits die Entwicklung ab, dass in der Kirche ein neuer „Berufsstand“ entsteht, nämlich der des „freischaffenden Evangelisten“. Das sind Menschen, die ganz auf die Barmherzigkeit Gottes vertrauen und über kein eigenes, gesichertes Einkommen verfügen. Sie leben von dem, was andere ihnen zukommen lassen, und wollen nur eines: andere evangelisieren, in der gleichen Weise wie dies seinerzeit auch die Jünger getan haben. Sie hoffen einfach, dass der Herr, dessen Werk sie tun, ihnen das Nötige zum täglichen Leben geben wird. Ich kenne mehrere solcher Leute, die diese Berufung leben und so versuchen, Menschen neu zum Glauben zu führen.

Im 16. Kapitel des Markus-Evangeliums ist zu lesen, dass Jesus den Jüngern folgenden Auftrag gegeben hat: „Geht hinaus in alle Welt und verkündet das Evangelium allen Geschöpfen. Durch die, die zum Glauben gekommen sind, werden folgende Zeichen geschehen. In meinem Namen werden sie Dämonen austreiben, sie werden in neuen Sprachen reden und die Kranken, denen sie die Hände auflegen, werden gesund werden." Einige Zeilen weiter heißt es: „Die Apostel zogen aus und predigten überall. Der Herr stand ihnen bei und bekräftigte die Verkündigung durch die Zeichen, die er geschehen ließ." Der Herr bekräftigte ihre Verkündigung also durch Zeichen und Wunder. Das hat er immer und immer wieder getan. Wir können dies in der Vergangenheit finden und ebenso in der Gegenwart. Leider hören heute viele, die Theologie studieren, kaum noch etwas davon.

Missionieren nach dem Vorbild Jesu und der Apostel

Was Jesus bei Markus sagt, ist außerordentlich wichtig. So und nicht anders stellt sich der Herr die Evangelisation vor, auch die heutige Neuevangelisation. Die Menschen müssen erleben, dass die Verkündigung nicht nur in Worten geschieht, sondern dass das verkündete Heil auch sichtbar und wahrnehmbar wird. Ein Beispiel dafür ist Pater Emiliano Tardif, der wiederholt in Deutschland war. Immer hat er beides miteinander verbunden: die Verkündigung und die von Gott gewirkten Zeichen. Wer an den Gottesdiensten mit ihm teilnahm, konnte erleben, wie mitten aus der Menge heraus Menschen geheilt wurden. So sind beispielsweise Leute aus dem Rollstuhl aufgestanden und haben zu gehen begonnen. Ähnliches sehen wir heute bei vielen indischen Patres, die aus Kerala kommen. Dort haben zahlreiche Laien und Priester – anders als bei uns in Deutschland – schon sehr früh die Anregung der „Charismatischen Erneuerung" aufgenommen, mit dem Ergebnis, dass es in Indien heute eine mächtige Evangelisationsbewegung gibt. Ich selbst war wiederholt zu diesen Exerzitien eingeladen, um Beichte zu hören. Dabei bin ich Zeuge von vielen Bekehrungen geworden. Leute, die Jahrzehnte lang nicht mehr in der Kirche waren, baten den Herrn oft unter Tränen um Vergebung für ihre Sünden und schenkten ihm ihr Leben neu. Sie machten die Erfahrung: Ja, von Jesus kommt das Heil, nach dem ich mich immer gesehnt, das ich aber bis jetzt noch nicht gefunden habe. Auf diese Weise finden Menschen auch heute zu Jesus. Der Herr hat ja genauso gehandelt: Er verkündete das Evangelium und wirkte gleichzeitig als Bestätigung seiner Worte die sichtbaren Zeichen. Das Gleiche sollten seine Jünger tun. Wo nach dem Missionsprinzip Jesu gearbeitet wird, geschehen auch heute viele Bekehrungen, geschieht Neuevangelisation. Aber wo nicht so gearbeitet wird, da passiert wenig oder nichts, da schrumpft die Kirche, da fängt sie an auszusterben. Ich wünschte mir, dass viele heute dieses Gebot der Stunde begreifen: Wir brauchen ein neues, geisterfülltes Glaubensleben und deshalb auch viele Gebetskreise und charismatische Gemeinschaften.

Für uns in Deutschland ist leider eine ablehnende Haltung typisch. Leute wie etwa Pater Tardif stoßen auf große Schwierigkeiten. Man versucht, ihr Wirken zu unterbinden. In manchen Diözesen wird ihnen nicht erlaubt, Exerzitien abzuhalten. Viele der indischen Patres, die heute zu uns kommen, werden in ihren Wirkmöglichkeiten beschnitten. Oft ist es schwierig, Räumlichkeiten für ihre Exerzitien zu finden. Da frage ich mich: Wie erginge es Jesus heute, wenn er inkognito unter uns lebte und die gleichen Dinge geschähen wie seinerzeit in Kapharnaum?

Vor kurzem wies der Heilige Vater die deutschen Bischöfe bei einem Ad Limina-Besuch darauf hin, dass die Kirche in Deutschland missionarischer werden müsse. Um des Fortbestands der katholischen Kirche in Deutschland willen wäre es wünschenswert, dass diese Worte wirklich überall gehört und in die Tat umgesetzt würden. In den Diözesen müsste man Umschau halten und sich fragen, wo es denn Initiativen und Ansätze gibt, durch die eine Welle der Neuevangelisierung in Gang kommen könnte.

Auch in dieser Hinsicht wies der Papst den Bischöfen den Weg: Er ermutigte sie, mit viel Liebe auf die neuen geistlichen Bewegungen zuzugehen. Der Heilige Vater kennt diese Bewegungen auch aus seiner Zeit als Erzbischof in München. Nachdem er mich 1977 zum Diakon geweiht hatte, konnte ich ihm in einem späteren Gespräch von dem nächtlichen Ereignis berichten, das ich im Mai 1972 erlebt hatte. Damals war ja der Heilige Geist machtvoll in mein Leben eingetreten. Er offenbarte mir, dass eine große Erneuerung der Kirche im Heiligen Geist bevorstehe. In jenem Gespräch konnte ich unserem damaligen Kardinal auch sagen, dass

Hansmartin Lochner bei einem Beichtgespräch. Seit einem besonderen Erlebnis im Jahr 1972 setzt er sich unermüdlich für die Neuevangelisation ein. Die Offenbarung, die ihm damals zuteil geworden war, führte ihn in die „Charismatische Erneuerung".

mir gezeigt wurde, wie der Geist Gottes alle Kirchen erneuern wolle, damit es so zu einer Einheit unter den Kirchen komme und die ganze Menschheit zu Christus geführt werde. Andernfalls aber habe die Menschheit keine Zukunft mehr. Kardinal Ratzinger hörte sich das alles nicht nur sehr ruhig und verständnisvoll an, sondern stellte mich daraufhin zu einem Teil meiner Arbeitszeit für die „Charismatische Erneuerung“ frei. Und wenn ich ihm später begegnete, bestärkte er mich immer wieder, in dieser Richtung weiterzuarbeiten.

Der Heilige Geist will die Einheit der Kirche

An dieser Stelle wird nun auch der dritte Aufgabenbereich der „Charismatischen Erneuerung“ sichtbar: *Sie soll mithelfen, dass die Einheit der Kirchen wiederhergestellt wird.*

Dazu hat sie Gott ins Leben gerufen. Die furchtbare, vom Bösen verursachte Spaltung der Kirche soll überwunden werden. Von daher wird es auch verständlich, dass die „Charismatische Erneuerung“ nicht auf eine Konfession beschränkt ist. Es gibt sie heute vielmehr in allen Konfessionen und Denominationen, auch in den meisten Freikirchen. Sie ist auch nicht auf einzelne Länder beschränkt, sondern findet sich in allen Erdteilen und überall, wo Christen leben. Allerdings müssen wir feststellen, dass Deutschland von dieser Erneuerung noch mit am wenigsten erfasst ist.

Aber es ist wirklich ein Wunder des Heiligen Geistes, dass es heute zum ersten Mal seit der Kirchenspaltung eine einheitliche Spiritualität gibt, die alle davon erfassten Christen zu einer großen Einheit verbindet. Aus diesen Gründen bin ich der festen Überzeugung: Es gibt keinen anderen Weg zur Einheit der Christen als den durch den Heiligen Geist. Erst wenn wir gemeinsam auf den Geist Gottes hören und uns von ihm leiten lassen, wird die Wahrheit unübersehbar aufleuchten, die alle zur Einheit führen und die heute noch vorhandene Trennung überwinden wird.

Dass eine solche Einheit wirklich möglich ist, ist mir seinerzeit beim ersten Ökumenischen Kirchentag 2003 in Berlin deutlich geworden. Die konfessionell unterschiedlichen charismatischen Gruppen hatten eine besonders dekorierte, gemeinsame Ausstellungsfläche. Vor allem viele junge Menschen kamen an diesen Stand. Priester und Ordensleute anzusprechen war allerdings deutlich schwieriger. Wenn evangelische Christen zu mir kamen, zeigte ich ihnen, wo auf der anderen Seite die evangelische „Geistliche Gemeindeerneuerung" ihre Veröffentlichungen ausgelegt hatte. Die evangelischen Kollegen verfuhren genauso, wenn Katholiken zu ihnen kamen.

Auf diese Weise wurde sichtbar, welches gemeinsame Verständnis, ja welche Einheit dank des Heiligen Geistes unter den charismatischen Christen der verschiedenen Konfessionen heute schon vorhanden ist. Der Geist Gottes vermittelt auch neue, gemeinsame Einsichten. So wird vielen nichtkatholischen Christen neu bewusst, dass Gott uns alle zur Heiligkeit berufen will. Der Begriff „Heiligkeit" war in den nichtkatholischen Gemeinschaften bisher aber eher unbekannt. Deshalb kennen sie auch keine Heiligenverehrung, ja schon der Gedanke, dass man jemand als „Heiligen" verehren kann, erregte ihren Unwillen. Jetzt aber wächst unter den charismatischen Christen die Überzeugung, dass der Heilige Geist uns alle wirklich heiligen und in uns wohnen will. Besonders rasch verbreitet sich dieser Gedanke unter den charismatischen Christen der USA, wo es – im Gegensatz zu Europa – schon gegen Ende des 19. Jahrhunderts in verschiedenen evangelischen Denominationen eine weit verbreitete „Heiligkeitsbewegung" gab.

Die Konfessionen kommen sich näher

Auch die in 1 Kor 12,8-11 angeführten Geistesgaben sind heute in den charismatischen Gemeinschaften aller Konfessionen bekannt. Durch die „Gabe der Unterscheidung der Geister" haben sie wieder entdeckt, dass viele Menschen von den Mächten der Finsternis belästigt und gequält werden. Deshalb ist in diesen Gruppen auch der Befreiungsdienst wieder weit verbreitet. Jesus hat ja selbst wiederholt unreine Geister und Dämonen ausgetrieben und auch seinen Jüngern diesen Auftrag gegeben.

Aber auch die Bedeutung von Segnungen – z.B. des Wassers oder auch anderer Gegenstände – wird wieder neu entdeckt. Man macht wieder die Erfahrung, dass von allem Gesegneten eine besondere Kraft ausgeht, um die Mächte der Finsternis abzuwehren und die Gläubigen vor ihrem Einfluss zu schützen. Die katholische Seelsorge hat dies leider weithin vergessen, aber das gläubige katholische Volk weiß nach wie vor um die Bedeutung eines solchen Segens.

Auch die im außerkatholischen Bereich lange vergessenen Heilmittel wie die Salbung von Kranken werden in charismatischen Gruppen neu belebt. „Lieber Bruder, darf ich Sie salben?" so wurde ich des Öfteren gefragt, wenn ich mit evangelischen Charismatikern zusammen war und über Kopfschmerzen klagte. Manche von ihnen tragen ihr Ölfläschchen ständig bei sich und bieten den von Krankheiten Geplagten Salbung und Gebet an. Den aus der Reformation hervorgegangenen Kirchen war die Salbung Kranker in der Vergangenheit aber kaum bekannt.

Wo der Heilige Geist am Werk ist, entsteht auch ein neues Bewusstsein dafür, dass wir alle Sünder sind und der Schuldvergebung in der Beichte bedürfen. So ist in nichtkatholischen charismatischen Gemeinschaften eine Art

Laienbeichte entstanden. Auch dies ist eine Annäherung an die katholische Praxis, wie sie noch vor wenigen Jahrzehnten kaum denkbar war.

Durch die charismatische Bewegung nähern sich die Konfessionen auch bei der Auslegung bestimmter Bibelstellen einander an. Ein Beispiel: Die Verse 14 bis 25 des 7. Kapitels des Römerbriefs wurden evangelischerseits meist so verstanden, dass Paulus hier von einem getauften *Christen* spricht. Dieser erkenne zwar das Gute, das er tun solle, sei aber leider nicht dazu fähig, weil die in ihm wohnende Sünde dies verhindere. Die katholische Interpretation geht hingegen davon aus, dass hier von einem *Nichtchristen* die Rede ist, der das von Gott gegebene Gesetz zwar kennt, aber nicht fähig ist, danach zu leben. Bekanntlich schreibt Paulus gegen Ende des Kapitels: „O, ich unglücklicher Mensch, wer wird mich aus diesem dem Tod verfallenen Leib erretten?“ und weiter: „Dank sei Gott durch Jesus Christus, unsern Herrn!“ Nach katholischer Lesart war deshalb klar: Jesus befreit uns durch das Werk der Erlösung von der Sklaverei der Sünde. Inzwischen legen jedoch auch manche nichtkatholische charismatische Christen – z.B. Pfarrer Kopfermann aus Hamburg – diese Stelle genauso aus wie wir. Durch den Heiligen Geist geschieht heute also eine deutliche Annäherung der Konfessionen.

Bekanntlich hat auch Papst Benedikt XVI. die Ökumene ganz in den Mittelpunkt seines Pontifikats gestellt. Dabei setzt offenbar auch er seine Hoffnung ganz auf das Wirken des Heiligen Geistes, durch den und in dem allein die Einheit bewirkt werden kann. Gerade er als brillanter Theologe weiß genau um die Grenzen theologischer Diskussionen. Auch wir in Deutschland sollten uns daher neu dem Heiligen Geist öffnen. Dann und nur dann dürfen wir große Dinge auf dem Weg zur ersehnten Einheit im Glauben erwarten.

Papst Benedikt XVI. ist ein ausdrücklicher Befürworter der „Charismatischen Erneuerung", die die persönliche Beziehung mit Christus fördert. Das Bild zeigt ihn bei einem Treffen mit Jugendlichen und Seminaristen am 19. April 2008 in Yonkers/USA.

Wie ist die „Charismatische Erneuerung“ entstanden?

In den letzten Jahrzehnten ist eine Reihe neuer geistlicher Bewegungen entstanden, so z.B. das Neokatechumenat, der Cursillo, die Fokolare oder Comunione e Liberazione. An Pfingsten 2006 kamen auf Einladung des Papstes 120 solcher Bewegungen in Rom zusammen. Fast alle haben eine namentlich bekannte charismatische Gründerpersönlichkeit. Bei der „Charismatischen Erneuerung" ist es dagegen anders. Da sie keinen derartigen Gründer aufzuweisen hat, kann man sie eher als eine von Gott selbst ins Werk gerufene Bewegung ansehen, in der schließlich verschiedene Strömungen zusammengeflossen sind.

Ich selbst bin 1972 ganz ohne menschliches Zutun zu dieser Bewegung gekommen. Mir wurde bildlich und wörtlich gezeigt, dass eine Erneuerung im Heiligen Geist komme, und dass sie „Pfingstbewegung" heiße. Zugleich sah ich einen gewaltigen Sturm über die gewölbte Erdoberfläche hinwegbrausen, der jede Menge Staub aufwirbelte. Mir wurde gesagt, dass diese Erneuerung im Heiligen Geist von äußerster Wichtigkeit sei und dass hier von jetzt an meine Aufgabe liege; ferner, dass diese Bewegung komme, um alle Kirchen im Heiligen Geist zu erneuern und sie wieder zur Einheit zusammenzuführen.

Als ich dann aufwachte – oder besser gesagt wieder zu mir kam –, war ich von einem unbeschreiblichen Glücksgefühl erfüllt. Bereits vier Wochen später erhielt ich die ersten Hinweise, dass es diese Erneuerungsbewegung tatsächlich bereits gab.

Die Geschichte der „Charismatischen Erneuerung" kennt eine ganze Reihe solcher wunderbarer Ereignisse. Sie erinnern an das sichtbare Eingreifen Gottes am Anfang der Kirche, über die die Apostelgeschichte ausführlich berichtet.

Erste Anfänge in der Toskana

Die katholische „Charismatische Erneuerung" (CE) beginnt mit der bereits erwähnten einfachen und unscheinbaren Ordensfrau Elena Guerra[1], geboren 1835 im toskanischen Lucca. Ihre um sie besorgten Eltern untersagten ihr wegen ihrer schwachen Gesundheit zunächst jede berufliche Tätigkeit. Später begann sie, Menschen um sich zu sammeln. Daraus entstand schließlich eine kleine Ordensgemeinschaft, die in ihrer Schule arme Kinder unentgeltlich unterrichtete. Da in Italien des 19. Jahrhunderts das Wissen um die Bedeutung des Heiligen Geistes zugunsten von Buße und Leidensmystik sehr in den Hintergrund getreten war, erkannte Elena Guerra sehr bald, dass hier eine Änderung notwendig war. Schon 1867 schrieb sie: „Erinnern wir uns daran, dass der Heilige Geist derjenige ist, der das Angesicht der Erde erneuert. Jetzt ist diese Erneuerung notwendiger denn je. Vom Heiligen Geist können wir uns eine erfolgreiche Erneuerung der Kirche erwarten." Und sie forderte: „Wir müssen zum Heiligen Geist zurückkehren, damit der Heilige Geist zu uns zurückkehrt." Der Gedanke, dass die Kirche in der Kraft des Heiligen Geistes erneuert werden müsse, taucht bei ihr immer wieder auf. Ihre Ordensgemeinschaft nannte sie zunächst „Schwestern der heiligen Zita", später gab sie ihr den Namen: „Schwestern der Oblatinnen des Heiligen Geistes".

Elena Guerra begann zunächst im kleinen Kreis, die weithin vergessene Pfingstnovene wieder zu beleben: "Der Heilige Geist muss wieder entdeckt, erkannt und geliebt werden, damit er zum dynamischen und aktiven Prinzip für die ganze Kirche wird." Ferner schrieb sie: „Wir müssen in den

1 Vgl. Beate Beckmann-Zöller, *Pfingsten ist nicht vorbei. Sr. Elena Guerra – ihr Leben und ihr Briefwechsel mit Papst Leo XIII.*, hrsg. von der „Charismatischen Erneuerung", siehe Anhang, S. 87.

Abendmahlssaal zurückkehren, so wie das die Jünger nach der Auferstehung Jesu und nach der Himmelfahrt taten. Dort müssen wir wie sie um den Heiligen Geist beten."

In diesem Zusammenhang sagt sie auch ein Wort, das besonders heute für unsere Zeit zutrifft: *„Der Geist der Welt vertreibt den Heiligen Geist."* Genau das ist bei uns in den letzten Jahrzehnten ja leider eingetreten.

Seit 1893 kommt bei ihr der Gedanke auf, dass das zwanzigste Jahrhundert ein Jahrhundert des Heiligen Geistes werden müsse. Sie überlegt immer wieder, was sie wohl selbst dazu tun könne. Dabei verstärkt sich bei ihr immer mehr der Gedanke, an die Leitung der Kirche heranzutreten mit der Bitte, zu Beginn des neuen Jahrhunderts weltweit um eine neue Geistausgießung zu beten. Sie zögert zunächst und denkt, ob dies alles vielleicht doch nur eine fixe Idee von ihr selbst sei. Erst als ihr andere bestätigen, dass dieser Gedanke doch offensichtlich von Gott stamme, schreibt sie 1895 einen ersten Brief an den damals regierenden Papst Leo XIII. Und hier geschieht ein erstes Wunder: Der Papst hörte auf diese schlichte, ihm persönlich unbekannte Ordensfrau. In seinem freundlichen Antwortbrief bat er sie um Nachricht, falls sie weitere Eingebungen Gottes erhalte. Insgesamt schrieb sie ihm dann dreizehn Briefe. Papst Leo nimmt tatsächlich ihre Anregung auf und bittet die Kirche auf dem ganzen Erdkreis, die Pfingstnovene wieder überall zu beten. Er veröffentlicht sogar eine eigene Enzyklika „Divinum illud", auf die ich im Rahmen meiner Doktorarbeit gestoßen bin. Es handelt sich hier um einen ganz erstaunlichen Text, in dem der Papst ausdrücklich das Gebet um eine neue Ausgießung des Heiligen Geistes anordnet. Am 1. Januar 1901 sollte weltweit darum gebetet werden, und auch er selbst betete an diesem Tag im Petersdom in diesem Anliegen.

Geistausgießung in Topeka und Los Angeles

Sowohl Elena Guerra als auch Leo XIII. mussten freilich enttäuscht feststellen, dass in der katholischen Kirche diese Anregung nur sehr zögernd aufgegriffen wurde. Offenbar wird nicht erst heute das, was aus Rom oder vom Papst kommt, in den Gemeinden gerne ignoriert. Und doch hat der Herr dieses Gebet erhört. Denn am gleichen Tag, am 1. Januar 1901, knieten sich in Topeka, Kansas, einige junge Bibelschüler vor ihrem Pastor nieder. Sie hatten zuvor die Apostelgeschichte studiert und gelesen, wie der Heilige Geist an Pfingsten auf die Jünger ausgegossen wurde und dass dann auch die Geistesgaben aufgetreten sind. So baten sie ihren Pastor, ihnen die Hände aufzulegen, damit sie, den ersten Christen gleich, den Heiligen Geist empfangen könnten. Daraufhin wurden sie von einer großen Freude erfüllt. Einige von ihnen fingen an, in neuen Sprachen zu reden und Gott zu loben. Gleichzeitig bewegten sich ihre Hände – ohne dass sie es bemerkten – von alleine in die Höhe, eine Gebetshaltung, die bekanntlich auf das Volk Israel und die frühen Christen zurückgeht und die dann auch ein Kennzeichen der „Charismatischen Erneuerung“ geworden ist.

Das alles hat sich 1901 in Topeka in Texas zugetragen. Natürlich hat das großes Aufsehen erregt und in der ganzen Umgebung Beachtung gefunden. 1906 hat sich in Los Angeles in der Azusa Street etwas Ähnliches ereignet, was schließlich zu einer Massenevangelisation führte. Von dort breitete sich diese Geisterfahrung in Windeseile über breite Schichten in den USA aus. Aber es gab auch Widerstände, zu denen es überall kam, wohin diese Bewegung sich ausbreitete – so auch in Deutschland. Wer anfing in Sprachen zu beten, der musste sehr bald aus seiner angestammten Kirche austreten. Deshalb kam es bald zur Gründung neuer Kirchen, der so genannten Pfingstkirchen, deren Angehörige heute auch oft „Pfingstler“ genannt werden. – Auch in Deutschland befasste sich im Jahr 1907 eine Tagung der Evangelischen Allianz in Kassel mit diesem Thema. Doch man lehnte diese Bewegung ab und war der Meinung, dass diese Spiritualität nicht vom Heiligen Geist stamme, sondern eine Bewegung „von unten“ sei.

Die Entstehung der „Pfingstbewegung“

Die Quelle, die 1901 zu fließen begann, hat einen ihrer Ursprünge in Armenien. Die Familie des Armeniers Demos Shakarian war um 1890 von einem prophetisch begabten jungen Mann gewarnt worden, es werde eine große Not über das Land kommen. Alle würden umgebracht werden, die die Heimat nicht verließen. Tatsächlich kam es während des Ersten Weltkrieges zu diesem Blutbad, das rund eineinhalb Millionen Armeniern das Leben kostete. Die Familie von Shakarian und deren Nachbarn aber hatten rechtzeitig auf die prophetischen Worte gehört und waren nach Kalifornien ausgewandert. Als ostkirchliche Christen waren sie mit den verschiedenen Geistesgaben von jeher vertraut, auch mit der Prophetie. Shakarian selbst war als Molkereibesitzer ein eher nüchterner Geschäftsmann. Aber er hatte schon als kleines Kind wiederholt Eingebungen von Gott erhalten. Als er mit Gläubigen aus der Azusa Street in Kontakt kam, erkannte er den ihm aus der alten Heimat vertrauten Heiligen Geist wieder. Im Hinhören auf den Willen Gottes gründete er eine ökumenische Gemeinschaft, die sog. „Full Gospel Business Men“. Sie ist in Deutschland zunächst unter dem Namen „Geschäftsleute des vollen Evangeliums“ bekannt geworden und heißt heute „Christen im Beruf“. Ihr einziges Ziel besteht darin, Menschen zur Erfahrung des Heiligen Geistes zu führen. Geschichte und anfängliche Schwierigkeiten der Gruppe in den USA kann man in dem von Demos Shakarian verfassten Büchlein *„Die glücklichsten Menschen auf Erden“* nachlesen.[2]

Die „Pfingstbewegung“ breitete sich in Amerika immer weiter aus und erfasste um 1950 auch die großen protestantischen Kirchen wie Baptisten, Methodisten, Lutheraner und Presbyterianer. Das Beten in unbekannten Sprachen und die Handauflegung provozierten aber immer wieder Spannungen mit Vertretern traditionellerer Auffassungen. Doch allmählich entstanden innerhalb dieser großen Kirchen jeweils charismatische Gruppen, die Geistesgaben wie Heilung, Prophetie und Unterscheidung der Geister praktizierten. In der Folge erlebten zahlreiche Gemeinden eine tief greifende geistliche Erneuerung. Kraftvolles religiöses Leben entstand, von dem sich viele Menschen angezogen fühlten.

1963 bekam Dr. Arnold Bittlinger von der deutschen evangelischen Kirche den Auftrag, in die Vereinigten Staaten zu fahren und sich umzuschauen, was es dort an neuen religiösen Bewegungen gab. Er erlebte dort das Aufblühen der charismatischen Gruppen. Sein begeisterter Bericht ließ auch in deutschen evangelischen Gemeinden erste charismatische Gruppen entstehen. Diese evangelische Bewegung, die mit der „Charismatischen Erneuerung“ im katholischen Bereich verwandt ist, heißt heute „Geistliche Gemeinde-Erneuerung“, abgekürzt GGE.

Das II. Vatikanische Konzil und die Frage nach den Charismen

Mitte des 20. Jahrhunderts hat Gott dann ein weiteres Mal wunderbar eingegriffen. Damals waren die Pfingstler

2 Siehe Anhang, S. 88.

in aller Welt „dogmatisch“ überzeugt, nur sie könnten den Heiligen Geist empfangen, nicht aber Christen anderer Konfessionen. Doch in diesen Jahren hatte David du Plessis (1905-1987), ein pfingstlerischer Pastor aus Südafrika, einen schweren Autounfall. Während seines wochenlangen Krankenhausaufenthalts zeigte ihm Gott, dass die Geisterfahrung nicht nur für die „Pfingstler“, sondern für Christen aller Konfessionen bestimmt ist. In seinem Buch „*Mister Pentecost*“ schreibt er: „Mir musste Gott erst alle Knochen brechen, um mir klar zu machen, dass Christen aller Konfessionen diese Erfahrung machen sollen.“

Du Plessis verkündete seine neue Überzeugung gegen allen Widerstand in den eigenen Reihen und wurde 1962 sogar als Beobachter zum II. Vatikanischen Konzil nach Rom eingeladen. Während er bis dahin stets die Erfahrung gemacht hat, dass sich die Vertreter anderer Konfessionen seinen Heilig-Geist-Erfahrungen gegenüber ablehnend verhielten, zeigten sich im Gegensatz dazu die Bischöfe und Kardinäle in Rom höchst interessiert an seinen Berichten. Immer häufiger wurde er in die verschiedenen Gremien eingeladen, um dort über seine Erfahrungen mit dem Heiligen Geist zu berichten. Man hatte in Rom also ein offenes Ohr für ihn. Das mag sicherlich auch damit zusammenhängen, dass auf dem Konzil jeder Tag mit der Anrufung des Heiligen Geistes begonnen hat. So wurden die Tage in Rom für David du Plessis also zu einer ganz und gar unerwarteten Erfahrung.

Im Konzil selbst fand ein denkwürdiger Disput statt: Alfredo Kardinal Ottaviani (1890-1979), der damalige Leiter der Glaubenskongregation, erklärte, die Charismen seien nur für die Anfangszeit der Kirche bestimmt gewesen. Gott habe sie später, als die Kirche gefestigt war, zurückgenommen. Dieser These widersprach der später für die „Charismatische Erneuerung" zuständige Léon-Joseph Kardinal Suenens (1904-1996). Er war mit dem Münchner Julius August Kardinal Döpfner (1913-1976) und zwei weiteren Kardinälen einer der Moderatoren des Konzils und hatte somit eine wichtige Position inne. Sinngemäß sagte Kardinal Suenens damals: „Nein, die Charismen sind nicht verschwunden. Es hat sie in der ganzen Kirchengeschichte hindurch immer gegeben und es gibt sie auch heute noch."

Die Dogmatische Konstitution über die Kirche „Lumen gentium" belegt das Ergebnis dieser Auseinandersetzung. In Artikel 12 heißt es: „Derselbe Heilige Geist heiligt außerdem nicht nur das Gottesvolk durch die Sakramente und die Dienstleistungen, er führt es nicht nur und bereichert es mit Tugenden, sondern ‚teilt den Einzelnen, wie er will' (1 Kor 12,11), seine Gaben aus und verteilt unter den Gläubigen jeglichen Standes auch besondere Gnaden. Durch diese macht er sie geeignet und bereit, für die Erneuerung und den vollen Aufbau der Kirche verschiedene Werke und Dienste zu übernehmen gemäß dem Wort: ‚Jedem wird der Erweis des Geistes zum Nutzen gegeben' (1 Kor 12,7). Solche Gnadengaben, ob sie nun von besonderer Leuchtkraft oder aber schlichter und allgemeiner verbreitet sind, müssen mit Dank und Trost angenommen werden, da sie den Nöten der Kirche besonders angepasst und nützlich sind. Außerordentliche Gaben soll man aber nicht leichthin erstreben. Man darf auch nicht vermessentlich Früchte für die apostolische Tätigkeit von ihnen erwarten. Das Urteil über ihre Echtheit und ihren geordneten Gebrauch steht bei jenen, die in der Kirche die Leitung haben und denen es in besonderer Weise zukommt, den Geist nicht auszulöschen, sondern alles zu prüfen und das Gute zu behalten (vgl. 1 Thess 5,12.19-21)."

Kardinal Suenens hatte sich also durchgesetzt.

Und im dritten Artikel des Dekrets über das Laienapostolat wird hervorgehoben, dass auch Laien solche Gaben haben können: „Zum Vollzug dieses Apostolates schenkt der Heilige Geist, der ja durch den Dienst des Amtes und durch die Sakramente die Heiligung des Volkes Gottes wirkt, den Gläubigen auch noch besondere Gaben (vgl. 1 Kor 12, 7); ‚einem jeden teilt er sie zu, wie er will' (1 Kor 12,11), damit ‚alle, wie ein jeder die Gnadengabe empfangen hat, mit dieser einander helfen' und so auch selbst ‚wie gute Verwalter der mannigfachen Gnade Gottes' seien (1 Petr 4,10) zum Aufbau des ganzen Leibes in der Liebe (vgl. Eph 4,16). Aus dem Empfang dieser Charismen, auch der schlichteren, erwächst jedem Glaubenden das Recht und die Pflicht, sie in Kirche und Welt zum Wohl der Menschen und zum Aufbau der Kirche zu gebrauchen. Das soll gewiss mit der Freiheit des Heiligen Geistes geschehen, der ‚weht, wo er will' (Joh 3,8), aber auch in Gemeinschaft mit den Brüdern in Christus, besonders mit ihren Hirten."

Erste Anfänge in der katholischen Kirche der USA

Als das II. Vatikanische Konzil diese Texte formulierte, also in den Jahren zwischen 1962 bis 1964, gab es in der katholischen Kirche die „Charismatische Erneuerung" noch nicht. So muss wohl der Heilige Geist derartige Formulierungen eingegeben haben. Drei Jahre nach dem Ende des Konzils, nämlich am 17. Februar 1967, hat dann in den USA das so genannte „Duquesne Weekend" stattgefunden. Ungeplant und für alle überraschend kam es dort im Rahmen eines Einkehrtags zu einer neuen Ausgießung des Heiligen Geistes. Das Buch *„Wie ein neues Pfingsten"* belegt anhand von Augenzeugenberichten, was damals im Einzelnen geschehen ist. Auch in der von der „Charismatischen Erneuerung" 2007 herausgegebenen DVD *„Ein neues Pfingsten"* berichtet eine Augenzeugin, wie plötzlich alle Teilnehmer auf dem Boden lagen, in fremden Sprachen zu beten begannen und die Gegenwart Gottes in einer ganz neuen, intensiven Weise wahrnahmen.[3]

Über die Studenten der katholischen Universitäten Amerikas breitete sich die Kunde über das Geschehene rasch aus, besonders in deren Heimatgemeinden. Die vielen ausländischen Studierenden berichteten auch in ihren Heimatländern wie Korea, Australien oder Indien davon.

Wenn heute viele indische Patres und Schwestern aus Kerala mit großem Erfolg in Deutschland wirken, so ist dies eine Folge davon, dass sich die dortige katholische Kirche schon 1967 bereitwillig dieser neuen Heilig-Geist-Erfahrung geöffnet hat. In Indien entstand daraus eine große Exerzitienbewegung. Es gibt dort auch das weltweit größte Exerzitienzentrum. Es befindet sich in Potta, wo wöchentlich 20.000 bis 30.000 Besucher das Wirken des Heiligen Geistes erleben. An Bekehrungen ist kein Mangel. Videoaufzeichnungen zeigen, wie Menschen aus überfüllten Zügen in Massen in dieses Zentrum strömen. In großen Sälen wird die Botschaft des Glaubens in den unterschiedlichen Landessprachen verkündet. Neben getauften Christen besuchen auch Hindus, Moslems und Buddhisten dieses Zentrum. Sie machen rund ein Drittel der Teilnehmer aus. In diesem Zentrum erleben die Menschen das Wirken Jesu genauso wie einst in Galiläa. Sie werden Zeugen zahlreicher Heilungen. Gemäß einem zuverlässigen Bericht sind einmal sämtliche einhundert bettlägerige Kranken, die man in die Mitte eines großen Saales gebracht hatte, nach intensiven Gebeten und Handauflegung durch die anwesenden Priester in der Kraft des Heiligen Geistes geheilt worden.

3 Siehe Anhang, S. 90 und S. 92.

Unter dem Einfluss des Heiligen Geistes breitet sich auch heute der christliche Glaube in Indien ähnlich schnell aus, wie seinerzeit im Römischen Reich. Dies ist alles nur möglich geworden dank der Offenheit der indischen Gläubigen für die „Charismatische Erneuerung".

Weltweites Wachstum

In der katholischen Kirche begann die „Charismatische Erneuerung" im Jahr 1967. Durch die oben erwähnte Gemeinschaft der „Geschäftsleute des vollen Evangeliums" hatten damals auch die ersten Katholiken die Erneuerung kennen gelernt und für sich um die Geistesgaben beten lassen. Unter ihnen befanden sich auch mehrere Dozenten der katholischen Universität von Notre Dame. Durch sie war die Heilig-Geist-Erfahrung dann in die Studentenschaft eingesickert, bis es zu jenem denkwürdigen „Duquesne-Weekend" kam. Viele dieser Pioniere hatten zuvor im Cursillo mitgearbeitet, einer geistlichen Bewegung, die es auch bei uns in Deutschland gibt.

Bereits 1969 bestätigten die amerikanischen Bischöfe die biblische Fundierung der „Charismatischen Erneuerung" und erklärten, dass deren Wirken nicht behindert werden solle. Auch andere nationale Bischofskonferenzen gaben ähnliche Erklärungen ab.

Bei der zweiten Internationalen Leiterkonferenz der „Katholischen Charismatischen Erneuerung" in Rom am 19. Mai 1975 sagte Papst Paul VI. zur Begrüßung: „Ist diese ‚Erneuerung im Hl. Geist' nicht eine Chance für Kirche und Welt? Und wenn dem so ist, müssen wir dann nicht alle sich uns bietenden Möglichkeiten aufgreifen, damit es so bleibt? … Unsere immer mehr säkularisierte Welt braucht nichts mehr als das Zeugnis dieser ‚Erneuerung im Hl. Geist', die der Heilige Geist heute in den verschiedensten Gegenden und Bereichen schenkt. Sie drückt sich auf vielfältige Weise aus: durch tiefe Seelenfreundschaft, durch enge Verbindung zu Gott, die sich zeigt in der Treue zu den Verpflichtungen, die man in der Taufe eingegangen ist, und im Gebet sowie schließlich durch eine persönliche Glaubensüberzeugung.

Das Gebet ist häufig ein gemeinschaftliches Gebet, bei dem sich jeder Einzelne frei ausdrücken kann und das dadurch das Gebet der anderen unterstützt. Die Glaubensüberzeugung hat ihren Ursprung nicht nur in der im Glauben angenommenen Lehre, sondern auch in der gesicherten persönlichen Lebenserfahrung, dass man ohne Gott nichts tun kann, mit ihm jedoch alles möglich wird."

Kardinal Suenens, der Befürworter der Charismen auf dem II. Vatikanischen Konzil, ließ sich bei einem Besuch in den Vereinigten Staaten von zwei Ordensfrauen die Hände auflegen, um auch persönlich diese Heilig-Geist-Erfahrung zu machen. Die Schwestern hatten ihn aufgesucht, um ihm von jenen Erfahrungen zu erzählen, die ihr eigenes Leben so grundlegend verändert hatten. Und bei einer internationalen Tagung 1974 in Rom konnten ihn die Teilnehmer vom Altar her laut und kräftig in fremden Sprachen singen hören. Später beauftragte ihn Papst Paul VI. mit der Verantwortung und seelsorgerlichen Begleitung der katholisch-charismatischen Erneuerung.

Aus diesen ersten Anfängen entstand später das internationale Büro der „Charismatischen Erneuerung" (ICCRS = International Catholic Charismatic Renewal Services), das Kongresse und größere Veranstaltungen plant und vorbereitet.

Die Entwicklung in Deutschland

In Deutschland hat die „Charismatische Erneuerung" etwa um die Jahre 1971/72 Einzug gehalten. Als 1971 eine deutsche Missionsschwester zu einem Studienaufenthalt nach München kam, fragte sie überall nach charismatischen Gebetsgruppen. Niemand, nicht einmal das bischöfliche Ordinariat, konnte ihr Auskunft geben. In Korea hatte sie seinerzeit bereits die „Charismatische Erneuerung" kennen gelernt. Nun fragte sie entgeistert: „Lebt ihr in Deutschland denn hinter dem Mond? Das kennt doch schon die ganze Welt!" Da begann sie um die Entstehung solcher Gruppen auch in München zu beten. Ein halbes Jahr später bin ich dann auf sie zugegangen, nachdem mich – wie oben erwähnt – der Herr in der Nacht vom 30./31. Mai selbst angesprochen und mich zur Mitarbeit in der „Charismatischen Erneuerung" gerufen hatte. Zuvor hatte ich von einem Freund erfahren, dass es die mir vom Herrn gezeigte Bewegung tatsächlich bereits gab. Und über ihn erhielt ich auch die ersten Adressen von Deutschen, die diese Bewegung bereits kannten, auch die Adresse dieser Schwester.

Als sie mich besuchte, schilderte ich ihr ganz offen meine Überraschung: „Schwester, ich weiß gar nicht, was in jener Nacht mit mir geschehen ist." Ich erzählte ihr auch, dass ich mit einem unbeschreiblichen Glücksgefühl wieder in die Wirklichkeit zurückgekehrt war. Daraufhin fragte sie mich: „Hat sich Ihr Gebetsleben verändert?" Ich sagte: „Ja, ich muss jetzt Gott immer loben und preisen. Das hat es so bei mir noch nie gegeben." Sie fragte weiter: „Hat sich Ihr Verhältnis zur Bibel geändert?" „Ja", antwortete ich: „Ich möchte am liebsten den ganzen Tag in der Bibel lesen. Jetzt verstehe ich vieles, was ich bisher nicht verstanden habe." Und dann: „Hat sich die Gegenseite gemeldet?" Ich stutzte zunächst. Dann sagte ich: „Ja, ich glaube schon. Seit das passiert ist, habe ich eine Reihe von Versuchungen erlebt.“ Ich hatte nämlich schon vorher gemerkt, dass ich seit dieser nächtlichen Erfahrung in mehrere heikle Situationen gekommen war. In Erinnerung an die Versuchungen Jesu hatte ich deshalb begonnen, diese zu zählen. Als ich bei „drei“ angekommen war, stellte mir die Schwester genau diese Frage! Sie sagte mir abschließend: „Wenn alles drei zutrifft, dann haben sie das erlebt, was wir heute die ‚Taufe im Heiligen Geist‘ nennen und was schon viele Menschen erfahren haben.“

Wenige Tage später begannen wir miteinander zu beten. In kurzer Zeit ist unsere Gebetsgruppe stark gewachsen, später allerdings deutlich langsamer. Und doch entstanden in allen Teilen Deutschlands immer mehr Gruppen. Inzwischen gibt es in allen Bistümern sog. Diözesanverantwortliche für die „Charismatische Erneuerung“.[4]

Auch Professor Dr. Heribert Mühlen (1927-2006) aus Paderborn führte in diesen Jahren in seinen Seminaren viele Priester und Laien zu einer persönlichen Tauf- und Firmerneuerung. Auf Wunsch der Deutschen Bischofskonferenz verfasste er zusammen mit Prof. Norbert Baumert SJ eine erste Schrift über die theologischen Grundlagen der „Charismatischen Erneuerung“. In überarbeiteter Fassung wurde sie 1987 von der Deutschen Bischofskonferenz mit Zustimmung aufgenommen und unter dem Titel „*Der Geist macht lebendig*“ veröffentlicht.[5]

Ende der 70er Jahre entstand der „Rat der Charismatischen Erneuerung“, der sich zweimal jährlich trifft. Unter Führung des Heiligen Geistes werden größere Veranstaltungen geplant und weitere Schritte überlegt. Die Durch-

4 Ihre Namen und Adressen kann man auf der Homepage **www.erneuerung.de** finden. Auf dieser Seite gibt es auch ein Verzeichnis von Gebetsgruppen und Lobpreis-Gottesdiensten, geordnet nach Postleitzahlen. Siehe Anhang, S. 86.

5 Siehe Anhang, S. 87.

führung dieser Beschlüsse geschieht über eine aus wenigen Mitgliedern bestehende „Koordinationsgruppe“.

Weiterhin entstand ein „Theologischer Ausschuss“, der sich mit allen theologischen Fragen beschäftigt, die mit der „Charismatischen Erneuerung“ zusammenhängen. Von Anfang an nehmen an diesen Gremien immer wieder Vertreter der Bischofskonferenz teil. Und auch auf Diözesanebene stehen die Diözesanverantwortlichen ständig in Kontakt mit ihrem Bischof.

Der gelehrte Papst Leo XIII. (1878-1903) hatte ein feines Gespür für die Zeichen der Zeit. Neben der Begründung der katholischen Soziallehre öffnete er sich den Anregungen der sel. Sr. Elena Guerra und leitete eine Erneuerung der Kirche im Heiligen Geist ein.

Vom Heiligen Geist gewirkte Ökumene

Zum Schluss könnte man die Frage stellen: Warum ging Gott diesen seltsamen Weg von der katholischen Kirche, also von Elena Guerra und Leo XIII., zunächst zu den Freikirchen und Pfingstlern, dann zu den protestantischen Kirchen und auf diesen Umwegen ab 1967 schließlich wieder zur katholischen Kirche zurück?

Ich persönlich glaube, dass dahinter wirklich eine Absicht Gottes steht. Hätte die katholische Kirche 1901 die Anstöße von Schwester Elena und Leo

XIII. sofort aufgenommen, hätten sich vermutlich nicht praktisch alle christlichen Kirchen und Denominationen für dieses neue machtvolle Wirken des Heiligen Geistes geöffnet. Man hätte all dies als eine weitere, typisch katholische, aber eben bedeutungslose Frömmigkeitsform abgetan. Der weite Umweg dagegen erlaubte, über die Konfessionsgrenzen hinweg *alle* christlichen Gemeinschaften zu erreichen.

Ich selbst durfte in den letzten Jahren wiederholt erleben, wie groß die innere Gemeinschaft zwischen den charismatisch ausgerichteten Gruppen unterschiedlicher Kirchen trotz aller noch bestehenden theologischen Unterschiede ist. Denn wenn Menschen zusammenkommen, die sich bewusst vom Heiligen Geist leiten lassen, wird eine erstaunliche Gemeinsamkeit und Einheit erfahrbar. Das gegenseitige Verständnis wächst, so dass dann auch theologische Differenzen ohne Aufgeregtheit und Emotionalität zur Sprache gebracht werden können.

Liest man nichtkatholische charismatische Veröffentlichungen, ist man oft überrascht von der Annäherung der Standpunkte etwa in der Abendmahlsfrage oder auch in der Überzeugung, dass wir nicht erst nach dem Tod von den Fesseln der Sünde frei werden. Auch für Nichtkatholiken wird so der Gedanke vertrauter, dass der Christ schon hier auf Erden zur Heiligkeit berufen ist. Dies verspürt ja jeder, der eine persönliche Heilig-Geist-Erfahrung gemacht hat. Nur wer weiß, wie sehr der traditionelle Protestantismus den Begriff der „Heiligkeit" gemieden hat, kann die Tragweite des Wunders ermessen, dass es seit der Kirchenspaltung erstmals wieder eine gemeinsame, alle verbindende Spiritualität gibt. Deshalb bin ich zutiefst überzeugt, dass der Herr über diese gemeinsame Heilig-Geist-Erfahrung die Einheit der Kirche wieder herzustellen beginnt.

Paul-Josef Kardinal Cordes, der Präsident des vatikanischen Hilfswerks „Cor unum", sieht in den neuen geistlichen Gemeinschaften eine große Chance für Erneuerung und Aufbruch in der katholischen Kirche. Im Mai 2005 trat er beim Deutschlandkongress der „Charismatischen Erneuerung" in Künzell bei Fulda auf, an dem 1400 Personen teilnahmen.

Warum tut sich die „Charismatische Erneuerung“ in Deutschland so schwer?

Die „Charismatische Erneuerung“ gibt es heute zwar in nahezu allen Ländern der Erde, doch ist ihre Verbreitung je nach Land doch recht unterschiedlich. Besonders in Deutschland tut sich diese Heilig-Geist-Bewegung extrem schwer – aber das betrifft letztlich praktisch alle neuen geistlichen Bewegungen. Deutschland ist für den Heiligen Geist offenbar ein schwieriger Boden. Weltweit dürften heute rund einhundert Millionen Katholiken der „Charismatischen Erneuerung“ angehören, in Europa etwa elf Millionen. Was Deutschland betrifft, so rechnet man allerdings nur mit etwa elf bis zwölf Tausend. Auch die Zahl der in der „Charismatischen Erneuerung“ engagierten Priester ist hierzulande außerordentlich gering. Viele von ihnen sind schon sehr früh zur Erneuerung gekommen und werden wohl bald in den Ruhestand gehen. Das mangelnde Interesse der jüngeren Priester an der „Charismatischen Erneuerung“ führt leider dazu, dass den entstandenen Gruppen und Gemeinschaften häufig der priesterliche Beistand fehlt.

Mit einigen Ausnahmen war auch unter den deutschen Bischöfen das Interesse an der „Charismatischen Erneuerung“ bisher eher gering. Zu den bischöflichen Freunden zählt sicherlich Kurienkardinal Paul Josef Cordes, der sich mehrfach in seinen Büchern mit der „Charismatischen Erneuerung“ beschäftigt hat. Kardinal Cordes lebt allerdings in Rom und hat auf die deutschen Verhältnisse nur wenig Einfluss. Der „Charismatischen Erneuerung“ sehr verbunden ist allerdings Papst Benedikt XVI. Er setzt – ebenso wie seine Vorgänger – offensichtlich große Hoffnungen auf sie und auf die anderen neuen geistlichen Bewegungen.

Außerhalb Deutschlands ist die Situation freilich weitgehend anders. In den meisten Ländern gibt es eine Vielzahl von Bischöfen, die voll hinter der Erneuerung stehen und sie fördern. *Deshalb möchte man sich wünschen, dass auch die deutschen Bischöfe erkennen, welch große Chance diese Bewegungen für die heute so dringend notwendige Neuevangelisation darstellt.* Wenn die Bischöfe sich selbst für diese neue Heilig-Geist-Erfahrung öffnen und mutig vorangehen, dann könnte es auch in Deutschland auf die Dauer zu einem Durchbruch kommen.

Die Teilnahmerzahlen bei Großveranstaltungen der „Charismatischen Erneuerung" zeigen ebenfalls den großen Unterschied zwischen Deutschland und den anderen Ländern: Während sich in den USA oder auch in Italien schon einmal bis zu 70.000 Menschen versammeln, ging es in Deutschland bisher nicht über 3.000 Teilnehmer hinaus. Auch ausländische Referenten wundern sich immer wieder, dass sie sich hier so viel schwerer tun als anderswo. Sie fragen sich deshalb häufig: Warum spüren wir bei euch so wenig Echo; warum ist bei euch alles so verhalten; warum haben wir den Eindruck, dass unsere Worte bei den Hörern nicht wirklich ankommen?

Die große Last der Vergangenheit mag sicherlich eine der Ursachen sein, dass es in Deutschland zu diesen Vorbehalten gegen die neuen geistlichen Bewegungen gekommen ist. Die persönliche Seelsorge bestätigt ja immer wieder, was schon das Alte Testament sagt: Die Sünden der Väter können noch die dritte und vierte Generation belasten.

Belastung durch die Kirchenspaltung

Reformation, Kirchenspaltung und die lang währende Feindschaft zwischen den großen christlichen Konfessionen mit dem negativen Höhepunkt der mörderischen Glaubenskriege haben einen unheilvollen Samen gelegt, der noch heute giftige Früchte hervorzubringen vermag. Zudem gerieten gerade evangelische Christen sehr früh unter den Einfluss des liberalen Zeitgeistes, der später auch in die katholische Kirche eingedrungen ist. Die ohne Zweifel zahlreichen, wirklich gläubigen evangelischen Christen – nicht zuletzt unter den Anhängern der „Geistlichen Gemeindeerneuerung“ – sind dennoch nur eine verhältnismäßig kleine Minderheit. Viele evangelische Christen haben seit langem einen Weg der Selbstsäkularisierung beschritten. Besonders deutlich wurde dies in den 30er Jahren des vergangenen Jahrhunderts und in der untergegangenen DDR. Wer sich den Zeitgeist als Eltern wählt, droht geistlich-spirituell Vollwaise zu werden. Dies belegt in unrühmlicher Weise der evangelische Theologie-Professor Dr. Gerd Lüdemann aus Göttingen, der vor etlichen Jahren behauptet hat, die Knochen Jesu seien im Grab verfault. Obwohl er sich einige Jahre später endgültig von allen christlichen Glaubensüberzeugungen losgesagt hat, besitzt er noch heute seinen universitären Lehrstuhl für evangelische Theologie.

Ausbreitung des Unglaubens

Die Zerstörung der kirchlichen Einheit durch die Reformation war sicher schon ein erster Schritt zu einer unheilvollen Entwicklung. Schmökert man ein wenig in der fünfzigbändigen „Bibliothek der Klassiker“, so entdeckt man, dass sich bereits im 18. Jahrhundert die führenden geistigen Köpfe Deutschlands – überwiegend evangelisch – deutlich vom christlichen Glauben distanziert haben oder gar gänzlich glaubenslos gewesen sind. Auch zu Beginn des 19. Jahrhunderts finden sich ausgesprochen glaubensfeindliche Thesen, etwa in der Behauptung Ludwig Feuerbachs, der Mensch mache sich seine Vorstellung von Gott selbst, indem er sich diesen Gott nach seinem, also des Menschen Bild vorstelle und diesen selbst geschaffenen Gott dann anbete. Friedrich Nietzsche, Friedrich Engels und Karl Marx sind weitere Stationen auf dem Weg zu einem immer aggressiveren Unglauben.

Einen weiteren wesentlichen Schritt zur Abwendung unseres Volkes von Gott bildete dann die Erfahrung vieler Soldaten im Ersten Weltkrieg: Wer tagelanges Trommelfeuer in den Schlachten um Verdun oder an der Somme durchstehen musste, der begann an der Existenz Gottes zu zweifeln. Und aus diesen häufig glaubenslos gewordenen Frontkämpfern rekrutierte Adolf Hitler später seine SA- und SS-Leute. Mit ihnen konnte er die Macht in Deutschland erobern und beginnen, neben den Juden auch die Christen zu bekämpfen. Mit Hitler gelangten auch die „Mächte der Finsternis" zur Macht und zur Herrschaft über das deutsche Volk. Es ist typisch für das Wirken Satans, dass es 1933 zunächst harmlos begann, scheinbar sogar unter positiven Vorzeichen. Doch bald traten die dämonischen Züge immer deutlicher hervor, bis hin zu den Massenmorden in den KZs und den Vernichtungslagern.

Blindheit für das Wirken Satans

Der Zweite Weltkrieg, nur 21 Jahre nach der Niederlage im Ersten, war der eigentliche Triumph Satans. Ihm, dem „Mörder von Anbeginn", war es gelungen, die europäischen, bis dahin christlichen Völker so gegeneinander aufzubringen, dass sie sich gegenseitig zerfleischten.

Und diesmal erlebten nicht nur die Männer, sondern auch die Frauen im Bombenhagel die furchtbare Wirklichkeit des modernen Kriegs. Nach einer kurzen katholischen Nachkriegsblüte entfremdeten sich die Deutschen wohlstandsbedingt immer mehr von ihrer Kirche, vor allem aber die Frauen. Bis dahin waren es ja besonders die Mütter gewesen, die mit den Kindern gebetet und sie in den

Glauben eingeführt hatten. Dies war aber bald – auch unter dem Einfluss des Feminismus – zu Ende. Nicht die Hausfrau und Mutter ist seit den 70er Jahren das Ideal der heranwachsenden jungen Frauen, sondern die berufliche „Karriere" und die „Selbstverwirklichung". So wachsen heute ganze Generationen ohne das Vorbild gläubiger Eltern und vor allem ohne eine gläubige Mutter auf.

In den *„Frankfurter Heften"*, einer kath. Zeitschrift, die sehr bald nach dem Krieg wieder erscheinen konnte, sprach Eugen Kogon seinerzeit ohne Scheu davon, dass im „Dritten Reich" die Mächte der Finsternis zur Herrschaft gelangt waren. Heute hingegen gelten Satan und sein Wirken als ein Überbleibsel aus längst vergangenen Zeiten. Dass Satan aber seit vielen Jahren einen Großangriff gegen die Kirche und gegen unser Volk führt, wird vielfach nicht wahrgenommen. Auch die Kirche in Deutschland – man denke an Prof. Herbert Haags Buch *„Abschied vom Teufel"* – ist überwiegend der Meinung, dass es den Bösen, also den Satan gar nicht gebe, und das, obwohl sein Einfluss in unserem Land von Tag zu Tag mit unheimlicher Geschwindigkeit zunimmt.

Mit der 68er-Revolution begann dann der Großangriff gegen die Familie sowie gegen alles Gesunde und Gute in unserem Volk. Die Medien beherrschen zunehmend Denken und Handeln auch der katholischen Bevölkerung. In den Radio- und Fernsehsendern bestimmen Glaubenslose und oft genug Kinderlose die Programmgestaltung und setzen alles daran, ihre lebensfeindlichen Vorstellungen in die Gesellschaft hineinzutragen. Kirchenkritische sowie glaubens- und familienfeindliche Sendungen ergänzen sich in ihrer unheilvollen Wirkung. Gedruckte Medien haben oft die gleiche Tendenz. All das beeinflusst Tag für Tag die katholischen Gläubigen und entfremdet sie dem Glauben an Jesus Christus.

Betonung des Diesseitigen

Auch die Verkündiger des Glaubens, also Pfarrer, Ordensleute, Pastoral- und Gemeindereferenten, ja sogar manche Bischöfe sind nicht frei von diesen Einflüssen. Der Blick auf die jenseitige, unsichtbare Welt Gottes, von der uns Christus Zeugnis gegeben und aus der heraus er Mensch geworden ist, ist weithin verdunkelt. Auch die Kirche betont heute zunehmend das Diesseitige, so, als wäre dies die einzige Realität. Wieder und wieder wird der Anschein erweckt, Glaubensleben bestehe vor allem in sozialem Engagement. Darüber aber ist weithin in Vergessenheit geraten, dass es im Hauptgebot heißt: „Du sollst den Herrn, deinen Gott, lieben aus ganzem Herzen, aus ganzer Seele, mit all deiner Kraft und mit all deinen Gedanken" (Mk 12,30). Die gewiss wichtige Zuwendung zum Nächsten kommt erst an zweiter Stelle und zwar als Folge der Gottesliebe, nicht aber als deren Ersatz. Wer mit der „Gottesliebe" aber wenig anzufangen weiß, betont logischerweise einseitig das innerweltliche Handeln. Wenn etwa von Überwindung einer „Not" gesprochen wird, meinen heute viele fast immer nur die materielle Not. Dass heute aber die seelische Not sehr viel größer und sehr viel verbreiteter ist als die materielle, liegt außerhalb des Denkhorizonts der meisten Menschen. Zudem fühlen sich viele Priester für diesen Bereich der Seelsorge nicht mehr zuständig. Wer mit derartigen Schwierigkeiten und Problemen zum Priester kommt, wird häufig nur auf Psychiater oder Psychotherapeuten verwiesen. Darüber klagen zu Recht viele Belastete.

Auch wird der Glaubensverlust nicht als Ursache vieler seelischer Nöte erkannt. Ebenso wenig wird gesehen, dass diese Nöte nur vom Glauben her geheilt werden können. Deshalb wird in Deutschland auch die Notwendigkeit einer „Neuevangelisation" nicht wahrgenommen. Und niemand weiß eigentlich so recht, wie eine solche in Gang kommen könnte. Im Kern hilflos glaubt man, das Entscheidende sei geschehen, wenn die Kinder getauft, gefirmt und zur Erstkommunion geführt worden sind. Eine „Neuevangelisation" gilt mithin als überflüssig. Tatsächlich aber verdunstet der Glauben. Damit wird die Zahl derjenigen immer kleiner, die nach Taufe, Kommunion und Firmung tatsächlich in die Gemeinden und in die Kirche hineinwachsen.

Jeder Bischof kann sich bei Gemeindevisitationen – z.B. in Gesprächen mit den Ministranten – leicht davon überzeugen, dass auch unsere kirchlich noch gebundenen Kinder und Jugendlichen kaum mehr die Sakramente oder die zehn Gebote kennen. Doch die Bischöfe nehmen es seit Jahren mit einer schieren Unbekümmertheit hin, dass unsere jungen Menschen am Ende der Schulzeit ins Leben treten, ohne den Glauben tatsächlich zu kennen. Glaubensunterweisung ist offenbar vollumfänglich Sache des schulischen Religionsunterrichts. Dieses bischöfliche Vertrauen erstaunt angesichts der Tatsache, dass der heutige Religionsunterricht – wie bereits gesagt – weitgehend zu einem „Religionskundeunterricht" mutiert ist.

Sicher, es gibt den katholischen Glauben. Darüber werden die Schülerinnen und Schüler auch informiert. Aber es gibt ebenso den Islam, den Hinduismus und den Buddhismus, über die man in gleicher Weise informiert. Eine Katechese im eigentl. Sinn des Wortes aber findet unter diesen Vorzeichen nicht mehr statt. Auch die noch aufgeschlossene Minderheit erfährt wenig Substanzielles über den christlichen Glauben. Eine Art „Glaubensstunde" auf freiwilliger Basis, wie er etwa in der ehemaligen DDR üblich war, wäre heute dringend erforderlich. Auch andere Länder kennen bekanntlich die Einrichtung der „Sonntagsschule" und erzielen damit beachtliche Erfolge. In Deutschland stünden vonseiten der neuen geistlichen Bewegungen sicherlich viele bereit, eine solche Aufgabe freiwillig und unentgeltlich zu übernehmen. Die vom Salzburger Weihbischof Dr. Andreas Laun herausgegebene Religionsbuchreihe „*Glaube und Leben*" wäre gewiss ein qualifizierter Leitfaden für diese Arbeit.[6]

Widerstand der modernen Theologie

Die oben geschilderten Entwicklungen haben ein geistiges Klima geschaffen, das den Bestrebungen der „Charismatischen Erneuerung" nicht nur nicht zuträglich ist, sondern ihnen zum Teil diametral entgegensteht. *Der Hauptwiderstand gegen die „Charismatische Erneuerung" aber kommt von der heutigen Universitätstheologie.* Alexander Kissler schildert in seinem Buch „*Der aufgeklärte Gott*"[7], wie beginnend mit Hermann Samuel Reimarus und Gotthold Ephraim Lessing der Geist der Aufklärung zunächst in der evangelischen, dann aber auch in der katholischen Kirche den Gedanken an alles Jenseitige und Wunderbare in Frage gestellt hat. So sind die aufklärerischen Thesen des evangelischen Theologen Rudolf Bultmann seit den 60er Jahren mehr und mehr auch in die katholische Kirche eingedrungen. Er vertritt bekanntlich den Standpunkt: „Man kann nicht elektrisches Licht und Radioapparat benutzen, in Krankheitsfällen moderne medizinische und klinische Mittel in Anspruch nehmen und gleichzeitig an die Geister- und Wunderwelt des Neuen Testaments glauben."

Eine solche Theologie steht der Sichtweise der „Charismatischen Erneuerung" in vielen Aspekten vollkommen

6 Die Reihe umfasst 8 Bände – bestehend jeweils aus Textbuch, Arbeitsbuch und Elternhandbuch – und ist für Kinder und Jugendliche im Alter zwischen 8 und 15 Jahren konzipiert. Hrsg. wird die 2009 komplettierte Buchreihe vom Referat für Ehe und Familie der Erzdiözese Salzburg (Dreifaltigkeitsgasse 12, A-5020 Salzburg). Siehe hierzu im Internet unter **www.familie.kirchen.net** oder **www.glaube-und-leben.at**

7 Alexander Kissler, *Der aufgeklärte Gott,* Pattloch Verlag, Augsburg 2008.

entgegen. Die Heilige Schrift gilt dann nicht mehr als ein vom Heiligen Geist inspiriertes Werk, das Jesu Worte und Tun verlässlich wiedergibt. Vielmehr wird sie für ein Menschenwerk gehalten, das keineswegs auf Augenzeugen und deren Berichte zurückgeht.

Auch seien die Evangelien erst viele Jahre nach der Auferstehung Jesu entstanden. Durch eine Kette mündlicher Weitergaben seien folglich viele Ungenauigkeiten und Ausschmückungen in die Schrift eingeflossen. Diese Berichte dürften deshalb nicht so genommen werden, wie sie dastehen. Vielmehr seien viele Fragezeichen anzubringen und Abstriche zu machen. Die Wunderberichte etwa gingen vielfach auf spätere „Gemeindebildungen" zurück und sollten deshalb nur symbolisch ausgelegt werden. Vieles in der Schrift sei außerdem mehr oder weniger legendär und habe so, wie es geschildert wird, nicht stattgefunden, etwa die Jungfrauengeburt, die Geburtsgeschichte oder die Erscheinungen des auferstandenen Herrn. Auch sei der Mensch Jesus erst im Lauf der Zeit allmählich zu einem „Gott" hochstilisiert worden.

Vom Gedanken der „Inspiration" der Heiligen Schrift, also der Eingebung durch den Heiligen Geist, hat sich eine solche Theologie längst verabschiedet. Und so wird heute in Deutschland der Heilige Geist überhaupt aus der Verkündigung weitgehend ausgeklammert. Der Pfingstbericht etwa wird für legendär gehalten; er entbehre jeder historischen Grundlage. Auch sei die frühe Kirche in der Apostelgeschichte sehr idealisiert dargestellt worden. Die Menschen seien damals keineswegs immer „ein Herz und eine Seele" gewesen. Sie hätten vielmehr häufig miteinander gestritten, so wie es ja auch heute noch der Fall sei. Deshalb müsse man davon ausgehen, dass das dort Geschilderte mit großer Wahrscheinlichkeit so nicht stattgefunden habe.

All diese Thesen haben in zunehmendem Maß – besonders nach dem Zweiten Weltkrieg und dem II. Vatikanischen Konzil – Generationen von Priestern, Theologen und Religionslehrern beeinflusst und geprägt. Die Zeitschrift *„Theologischer Digest"* z.B. erschien eines Tages mit der Überschrift: „Was gilt eigentlich noch?" Zweifel an jedwedem Dogma und an jeglicher Glaubensüberzeugung galten als „chic". Modern war das „Hinterfragen". Dogmatisch wurde nur das Recht auf den Zweifel vertreten. Auch Kardinal Döpfner machte bei einer Weihnachtsfeier Ende der 60er Jahre keinen Hehl daraus, wie sehr ihm diese Entwicklung persönlich zusetze.

Der vergessene Heilige Geist

Die inzwischen offensichtliche Glaubenskrise hat eine klar zu benennende Ursache: *die „Geistvergessenheit"*.

Ähnlich hatte es Elena Guerra zu ihrer Zeit gesehen. Schon damals hatte sie den Eindruck, dass dem Heiligen Geist in der katholischen Kirche viel zu wenig Aufmerksamkeit geschenkt werde, dass man ihn zu wenig anrufe und dass er zu wenig verehrt werde.

Diese „Geistvergessenheit" ist m.E. heute in Deutschland noch weit ausgeprägter. So weiß man weithin nicht mehr, dass die Kirche ihre Aufgabe nur erfüllen kann, wenn sie vom Heiligen Geist geleitet wird. Stattdessen herrscht bei vielen Katholiken, z.B. den Anhängern der „Kirchenvolksbewegung", die Denkweise vor, dass die Kirche – so wie alles auf dieser Welt – letztlich Menschenwerk sei. Deshalb könne das „Kirchenvolk" von heute die Kirche genauso nach eigenen Vorstellungen ummodeln, wie dies frühere Generationen ja auch getan hätten. Selbst eine Predigerzeitschrift hielt das Pfingstfest vor einiger Zeit für ein wahres Kreuz, weil man da nicht wüsste, worüber man eigentlich predigen solle. Für denjenigen freilich, der den Heiligen Geist aus persönlicher Erfahrung kennt, ist es genau umgekehrt: Weil er gern so vieles über den Heiligen Geist sagen möchte, weiß er gar nicht, wo er anfangen und – vor allem – wo er aufhören soll!

Ein anderes Indiz für die heutige Geistvergessenheit ist die Tatsache, dass die Regenten der deutschen Priesterseminare in ihrem Papier über die Grundlinien der heutigen Priesterausbildung die Bedeutung des Heiligen Geistes für die kommende Priestergeneration nicht mehr erwähnen, ja dass der Heilige Geist darin praktisch überhaupt keine Rolle spielt. An einer Stelle heißt es lediglich: „Bekanntlich weht er ja, wo er will." Auch das Thema „Heiligkeit" wird in diesem Papier nicht erwähnt und auch nicht als Ziel der priesterlichen Ausbildung genannt. Dabei bräuchte unsere Kirche ja nichts nötiger als heiligmäßige Priester, etwas, auf das Papst Benedikt hinzuweisen nicht müde wird. Von daher ist es nicht verwunderlich, dass das Thema „Heiligkeit" auch in der Verkündigung heute fast keine Rolle mehr spielt.

Warum also tut sich die „Charismatische Erneuerung" in Deutschland so schwer? Nun, weil sie in vielen Dingen das Gegenteil von dem vertritt, was die „Dogmen" des heutigen Zeitgeistes und die von ihm beeinflusste Theologie fordern. Eine solch fundamentale Opposition führt bei vielen zu einem verständnislosen Kopfschütteln, ja zur totalen Ablehnung, sobald sie etwas von dieser Bewegung hören. Übrigens ist dies weniger bei den Laien zu beobachten als vielmehr bei den Priestern und den an den Hochschulen ausgebildeten Theologen. Laien haben schon immer intuitiv an so manchen Verirrungen und Verstiegenheiten der modernen Theologie Anstoß genommen und sehen sich durch die „Charismatische Erneuerung" in ihrer Ablehnung bestätigt.

Wunder sind Tatsachen

Die „Charismatische Erneuerung“ unterscheidet sich vor allem in einem wichtigen Punkt von der heute herrschenden theologischen Meinung: *Sie hält die in der Heiligen Schrift und insbesondere im Neuen Testament berichteten Ereignisse für unzweifelhaft wahr und richtig.*

Diese Sicht der Heiligen Schrift ist nicht das Ergebnis theologischen Schlussfolgerns, sondern eine Folge der persönlichen Heilig-Geist-Erfahrung: Wer vom Heiligen Geist geleitet wird, wer den Heiligen Geist in sich spürt, der nimmt diesen gleichen Geist in der Heiligen Schrift wahr. Eine innere Stimme meldet sich, die zu ihm sagt: „Ja, genau so ist es. So und nicht anders ist es damals geschehen.“

Mir selbst wurde damals in der Nacht vom 30. zum 31. Mai 1972 deutlich gezeigt: Die Heilige Schrift ist als das wahre, vom Heiligen Geist inspirierte Wort Gottes anzunehmen – ohne Abstriche und geschmacksbedingte Veränderungen. Die Evangelisten und Apostel haben damals versucht, ihre Erfahrungen mit Gott so gut wie möglich ins Wort zu bringen. Wie schwer das ist, habe ich ja an mir selbst erfahren, weil ich das, was ich damals erlebt habe, auch heute nur unzulänglich und lückenhaft beschreiben kann.

Als Folge dieser Einstellung zur Heiligen Schrift ist die „Charismatische Erneuerung“ überzeugt: *Wunder gibt es und hat es immer gegeben.* Für die heutige Theologie dagegen entsprechen die Wunderberichte des Neuen Testaments nicht der Wahrheit. So traut man z.B. Jesus nicht einmal zu, die Zerstörung Jerusalems im Jahre 70 n. Chr. vorausgesehen zu haben, und folgert daraus, dass die Evangelien erst nach diesem Zeitpunkt, also nach 70 n. Chr., entstanden sein können. Man meint: Jesus habe zu seinen Lebzeiten diese Zerstörung ja nicht im Voraus wissen können. Erst im Nachhinein hätten ihm die Evangelisten diese Prophezeiung in den Mund gelegt. Ich konnte diese These nie akzeptieren, da ich doch selbst – als kleiner, unbedeutender Mensch – zukünftige Ereignisse im Voraus gezeigt bekommen habe. Und ich bin sicher nicht der einzige, der solche Erfahrungen gemacht hat.

Wer wie wir in der Erneuerung immer wieder Wunder und wunderbare Heilungen erleben darf, zweifelt die Wahrheit von Wundern nicht mehr an. Ich selbst durfte beispielsweise erleben, wie eine sterbenskranke Krebspatientin nach Gebet, Handauflegung und Empfang der Krankensalbung wieder nach Hause entlassen werden konnte. Es hieß damals, „dass ihre Metastasen zurückzugehen scheinen". Als sie daraufhin doch noch Chemotherapie bekam und die erste Anwendung ganz schlecht vertrug, überstand sie nach Gebet mit Handauflegung alle weiteren Therapiestrazapen ohne jede Schwierigkeit. Das Urteil des behandelnden Arztes lautete: „Dass jemand die Chemotherapie so gut verträgt wie sie, habe ich noch nie erlebt. Das ist ja das reinste Wunder." Und die Frau hat hinterher noch mehrere Jahre gelebt.

Die Geschichte der Heiligen und der Marienwallfahrtsorte wie Lourdes bieten doch – so möchte man meinen – mehr als genug Anschauungsmaterial, um sich vom Wunderwirken Gottes zu überzeugen. Auch jede Selig- und Heiligsprechung setzt ein wissenschaftlich einwandfrei bezeugtes Wunder auf die Fürbitte der betreffenden Person voraus. Pfarrer Wilhelm Schamoni (1905-1991) hat schon vor einigen Jahren in seinem Buch „*Wunder sind Tatsachen*" anhand der Heiligsprechungsakten nachgewiesen, dass sich alle in den Evangelien berichteten Wunder im Laufe der Geschichte immer wieder ereignet haben.[8] Und Professor Dr. Andreas Resch aus Innsbruck hat für die zwischen 1983

8 Wilhelm Schamoni, *Wunder sind Tatsachen,* Johann Wilhelm Naumann Verlag, Würzburg 1976.

und 1995 Seliggesprochenen die beeideten Berichte in den zwei Bänden „*Wunder der Seligen 1983–1990*“ und „*Wunder der Seligen 1991–1995*“ veröffentlicht.[9] Warum will man das nicht zur Kenntnis nehmen?

Das überholte Dogma der Naturwissenschaft

Grundlage der Wunderskepsis ist die vor 100 Jahren von der so genannten „klassischen Physik“ verkündete These, wonach die Naturgesetze absolut und ausnahmslos gelten. Diese Theorie ist allerdings seit 60 Jahren überholt. Seit der Entdeckung der Quantenphysik weiß man, dass die strenge Kausalität im subatomaren Bereich nicht gilt. Diese Unbestimmtheit eröffnet die Möglichkeit, sich Ausnahmen oder Ereignisse wie Wunder durchaus vorzustellen. Leider hat sich diese Erkenntnis unter den maßgeblichen Theologen noch immer nicht herumgesprochen. Auch scheint der Widerstand gegen ein solches Umdenken sehr groß zu sein, denn zu viele theologische Bücher müssten dann umgeschrieben, ja ganze Bibliotheken hinfällig werden.

Jesus hat seinen Jüngern bekanntlich den Auftrag gegeben: „Geht und verkündet: Das Himmelreich ist nahe. Heilt Kranke, weckt Tote auf, macht Aussätzige rein, treibt Dämonen aus“ (Mt 10,7f.). Wie die Apostelgeschichte berichtet, haben die Jünger genau dies getan. Und bei Markus heißt es: „Sie aber zogen aus und predigten überall. Der Herr stand ihnen bei und bestätigte ihre Worte durch die Zeichen, die er geschehen ließ“ (Mk 16,20).

Wir in der „Charismatischen Erneuerung“ sind der Überzeugung, dass der von Jesus gegebene Auftrag auch uns Heutigen gilt, nicht zuletzt auch den Priestern und Seelsor-

9 Andreas Resch, *Wunder der Seligen 1983-1990* (Band 1) *sowie Wunder der Seligen 1991-1995* (Band 2), Resch Verlag, Innsbruck 1999 bzw. 2007.

gern. Deshalb sollte die Ausbildung in den Priesterseminaren – möglichst schon zu Beginn – zu einer wirklichen persönlichen Erfahrung des Heiligen Geistes führen. Jeder Priesteramtskandidat sollte seine Charismen entdecken und darin unterwiesen werden, wie er z.B den Kranken und Verzweifelten die Hände auflegen und für sie beten kann.

Die Wiederentdeckung der Charismen

Die „Charismatische Erneuerung“ hat – angeleitet vom Heiligen Geist – die Charismen in der Form des 12. Kapitels des 1. Korintherbriefs wieder entdeckt: *Heilung, Weisheit, Erkenntnis, Glaubenskraft, Prophetie, Unterscheidung der Geister, Wunderkräfte, Sprachen und Auslegung*. Es gibt noch weit mehr Charismen, „leuchtendere und schlichtere“, wie das II. Vatikanische Konzil sagt. Von diesen Charismen ist im Leben der Kirche heute leider weder in der Verkündigung noch in der Liturgie die Rede, auch nicht in päpstlichen Lehrschreiben oder in den theologischen Vorlesungen. Sie sind einfach verschwunden, besonders in der Kirche Deutschlands. Und wer sie für wichtig hält, wird bekämpft. Man kann nichts mehr mit ihnen anfangen und wehrt sich deshalb, wenn andere sie für bedeutend halten.

Die Theologen haben übrigens für das Verschwinden der Charismen schon seit langem eine eigene Theorie entwickelt. Sie sagen: Gott hat der Kirche in der Frühzeit diese Gaben gegeben, damit sie sich gegen das Heidentum durchsetzen konnte. Seitdem die Kirche sich aber gefestigt hat, hat Gott diese Gaben wieder zurückgenommen. Er hat sie gewissermaßen „dispensiert“. Diese These hat im II. Vatikanischen Konzil bekanntlich auch Kardinal Ottaviani vertreten.

Jesus und seine Jünger, und später auch die junge Kirche haben alle das gleiche getan: Sie haben das Reich Gottes verkündet und die Nähe dieses Gottesreichs durch Zeichen und Wunder verdeutlicht. Welcher Chancen aber beraubt sich die heutige Kirche in ihrem Ringen mit dem immer massiveren Unglauben, wenn sie auf diese Zeichen des göttlichen Wirkens verzichtet. Das gilt gerade im Hinblick auf den Wettstreit mit anderen Religionen und gegenüber dem Mitbewerber Esoterik.

Deshalb ist das Entstehen der „Charismatischen Erneuerung“ meines Erachtens ein Zeichen Gottes, weil heute die Geistesgaben für die Neuevangelisation genauso dringend nötig sind wie damals für die Erstevangelisation durch die Jünger!

Die Realität der „Mächte der Finsternis“

Der Heilige Geist hat durch die Gabe der „Unterscheidung der Geister“ wieder die Augen dafür geöffnet, dass die „Mächte der Finsternis“, dass also die Dämonen eine Realität sind. Doch die heutige Theologie – und erst recht der Zeitgeist – vertreten wiederum die Gegenposition: Satan und die Dämonen gibt es nicht. Exorzismen und Befreiungsgebete sind deshalb überflüssig. Die Existenz von so etwas wie der „Hölle“ und ewiger Verdammnis wird in Abrede gestellt. Folglich sind Beichte und Befreiung aus den Fesseln des Bösen letztlich unnötig. Selbst gebildete Theologen übersehen in erstaunlicher Blindheit, dass sie sich damit in vollen Gegensatz zu den Aussagen Jesu und der Heiligen Schrift setzen, ja dass sie letztlich das Christentum und die Erlösungstat Christi für überflüssig erklären.

Wie aber will eine Kirche, die ihre eigenen Grundlagen derart verleugnet, Menschen neu für den Glauben gewinnen? Sie ist dann „Salz, das schal geworden ist“, das deshalb von den Leuten weggeworfen und zertreten wird. Genau dafür sind wir in Deutschland heute Zeugen.

Religiöser Frühling in Indien

Dass die Entwicklung auch ganz anders verlaufen kann, zeigt uns das Beispiel Indiens. Weil sich dort viele Priester und Ordensleute frühzeitig der „Charismatischen Erneuerung" geöffnet haben, ist dort inzwischen eine große Bekehrungsbewegung in Gang gekommen. Indische Patres, die zu uns nach Deutschland kommen, sagen uns, sie erwarten, dass noch zu ihren Lebzeiten ganz Indien christlich werde.

Auch Joachim Kardinal Meisner aus Köln erlebte vor einigen Jahren bei seiner Reise nach Kerala in Südindien Überraschendes. Er schreibt: „Ich wäre besser zehn Jahre früher nach Kerala gefahren, um das kennen zu lernen." Dort sind viele Exerzitienhäuser mit durchschnittlich 1000 Betten entstanden. Und diese 1000 Betten sind bei den Exerzitien jede Woche aufs Neue belegt!

In Deutschland hingegen gibt es kein einziges Haus dieser Größe. Das größte Exerzitienhaus Indiens nimmt wöchentlich sogar über 20.000 Besucher auf, von denen aber nur etwa zwei Drittel getaufte Christen sind. Die anderen Besucher sind Hindus, Moslems und Buddhisten. Sie kommen, weil sie mit eigenen Augen sehen, dass der gegenwärtige auferstandene Herr auch heute noch genauso wunderbar wirkt wie vor 2000 Jahren in Galiläa, dass er Kranke heilt und Belastete befreit. Aber Jesus hat ja bekanntlich verheißen: „Wer an mich glaubt, wird die Werke, die ich vollbringe, auch selbst vollbringen, und er wird noch größere vollbringen, denn ich gehe zum Vater" (Joh 14,12). Was dazu aber nötig ist, ist der Glaube daran, dass der Herr auch heute durch uns wirken kann und will. *Und genau an diesem Glauben mangelt es heute in Deutschland.*

Kardinal Meisner hat vor allem darüber gestaunt, dass der Gottesdienstbesuch in Indien bei 90 Prozent liegt, ferner dass fast alle Familien am Tag eine Stunde mit ihren Kindern beten und dass es dort pro Jahr etwa 3000 Priesterberufungen und 4000 Ordensberufungen gibt. In einem Interview mit der „Kölner Kirchenzeitung", berichtet der Kardinal, dass man in Indien auch genau auf das höre, was aus Rom kommt. Es gäbe dort nicht jenen Ungehorsam gegen den Heiligen Vater, der bei uns an der Tagesordnung ist. Wörtlich sagt dann der Kardinal: „Manchem unserer Priester, manchem führenden Laien möchte ich einmal für acht Tage ein solches Gemeindeleben wünschen, dass er mal erlebt, was sich da tut." Sein Fazit: „Ich habe eine starke Ermutigung im Glauben erfahren. Dieser Aufbruch ist da. Es wäre so wunderbar, wenn er auch bei uns in Deutschland sich durchsetzen könnte."

Neue Freude am priesterlichen Dienst

Der aus Indien stammende Pater Rufus Pereira, heute weltweit einer der erfahrensten Männer im Befreiungsdienst, sagte vor einiger Zeit: „Seit ich 1972 mit der ‚Charismatischen Erneuerung' in Kontakt kam und eine stille Taufe im Heiligen Geist erfuhr, bemerkte ich die große Veränderung in meinem priesterlichen Leben. Zum ersten Mal begann ich eine unglaubliche Freude in meinem priesterlichen Dienst zu erfahren. Jesus wurde zum Zentrum meines Lebens. Alles andere, das mir vorher wichtig gewesen ist, rückt an die zweite oder dritte Stelle. Ich hatte nur noch einen Gedanken im Kopf, und das war Jesus." Genau diese Erfahrung machten inzwischen viele Priester in aller Welt, nachdem sie sich neu für den Heiligen Geist geöffnet hatten. Sie haben gelernt: *Wir sind nicht dazu da, unsere eigenen Pläne zu entwickeln, sondern wir haben auf den Herrn zu hören und auf seine Führung. Er, der Herr, muss an erster Stelle stehen. Ihm allein soll fortan unser Le-*

ben gehören – ganz und ausschließlich. Und diese Priester erlebten dann auch immer wieder die große Freude, die der Heilige Geist allen schenkt, die sich ihm Tag für Tag öffnen.

Sehr ermutigend ist in dieser Hinsicht die Haltung unseres Heiligen Vaters. In einer Ansprache an die deutschen Bischöfe sagte Benedikt XVI., er wünsche, dass die deutschen Bischöfe voll Liebe auf die neuen geistlichen Bewegungen zugehen und sie fördern, weil da wirklich neue Inseln des Glaubens entstünden, Inseln, die wir so dringend bräuchten.

Man kann nur hoffen, dass dieser Wunsch des Heiligen Vaters in Erfüllung geht. Denn wenn wir in Deutschland neu „ja" sagen zu dem, was Gott durch den Heiligen Geist unter uns tun will, statt auf die Gegenstimmen zu hören, dann wird es auch bei uns wieder einen religiösen Frühling geben. Wir werden erleben können, dass auch in Deutschland eine mächtige Bewegung der Neuevangelisation in Gang kommt, dass sich die Kirchen wieder füllen und der Priestermangel schwindet. Wir haben also die Wahl: Wir können entweder zusammen mit dem Heiligen Vater alles tun, damit ein „Neues Pfingsten" anbricht, oder wir können sagen: „Nein, wir wollen uns nicht auf etwas Neues einlassen. Wir machen lieber so weiter wie bisher." Gebe Gott, dass wir uns recht entscheiden!

Aussagen der Päpste über die „Charismatische Erneuerung"

In diesem Zusammenhang ist es sicher wichtig, darauf hinzuweisen, dass sich sowohl Johannes Paul II. als auch Benedikt XVI. wiederholt sehr positiv über die „Charismatische Erneuerung" geäußert haben. Hier einige Auszüge:

Äußerungen von Johannes Paul II.:

Im Rahmen einer Privataudienz für den Rat des ICCRO (International Catholic Charismatic Renewal Office) am 11. Dezember 1979 in Rom sagte Papst Johannes Paul II.:

„Ich bin davon überzeugt, dass ***diese Bewegung ein Zeichen für das Wirken des Hl. Geistes*** *ist. Die Welt braucht dringend dieses Wirken des Hl. Geistes und viele Menschen, die sich dem Hl. Geist als Werkzeuge zur Verfügung stellen. … Gegenwärtig sehe ich diese Bewegung, dieses Wirken überall.*

Ich bitte Euch und alle Mitglieder der ***‚Charismatischen Erneuerung‘****, nicht aufzuhören, mit mir zusammen der Welt laut zuzurufen: ‚Öffnet die Türen dem Erlöser!‘ Es ist der Auftrag der Kirche, Christus der Welt zu verkünden. Ihr habt insofern wirklich Anteil an dieser Mission, als Eure Gruppen und Gemeinschaften in den lokalen Kirchen, Euren Diözesen und Pfarreien verwurzelt sind.“*

In seiner Ansprache bei der 6. Internationalen Leiterkonferenz am 15. Mai 1987 in Rom sagte Johannes Paul II.:

„In diesem Jahr feiern wir den ***20. Geburtstag der ‚Charismatischen Erneuerung‘*** *in der katholischen Kirche. Die Wirkung und Fruchtbarkeit der Erneuerung bezeugt ganz klar die machtvolle Gegenwart des Heiligen Geistes, der in diesen Jahren nach dem II. Vatikanischen Konzil in der Kirche wirkt.*

Natürlich hat der Heilige Geist die Kirche zu allen Zeiten geführt und die Gläubigen auf vielfältige Weise beschenkt. Durch ihn behält die Kirche dauerhaft eine jugendliche Lebenskraft und die ‚Charismatische Erneuerung‘ ist für die heutige Zeit eine ausdrucksstarke Offenbarung dieser Lebenskraft, ein mutiges Zeugnis dessen, ‚was der Geist am Ende des zweiten Jahrtausends den Gemeinden sagt‘ (Offb 2,7).“

An die Leiter der „Katholischen Charismatischen Erneuerung“ richtete Papst Johannes Paul II. nach den Exerzitien des ICCRS (International Catholic Charismatic Renewal Services) am 18. September 1993 in Rom die Worte:

„Soeben habt Ihr geistliche Einkehrtage in Assisi, der Stadt des hl. Franziskus und der hl. Klara beendet. … Diese großen Heiligen der Kirche machten sich die Worte des hl. Paulus zu Eigen: ‚Nicht mehr ich lebe, sondern Christus lebt in mir‘ (Gal 2,20). Ist das nicht das Ziel und Ideal, von dem die ***‚Charismatische Erneuerung‘*** *durchdrungen ist? Ist es nicht das Lebensprogramm, das Eure Gebetsgruppen und Gemeinschaften selbst der Führung des Heiligen Geistes anvertraut haben?*

Möge das Beispiel und die Fürsprache dieser großen Heiligen von Assisi Euch in Eurem Entschluss bestärken, beständig in der Liebe gemäß dem Evangelium und in Eurer Dienstbereitschaft zu wachsen. ‚So sollen wir alle zur Einheit im Glauben und in der Erkenntnis des Sohnes Gottes gelangen, damit wir zum vollkommenen Menschen werden und Christus in seiner vollendeten Gestalt darstellen.‘ (Eph 4,13).“

Äußerungen von Benedikt XVI.:

„Obwohl das letzte Jahrhundert durch traurige Ereignisse gekennzeichnet war, war es zur selben Zeit erfüllt mit wundervollen Zeugnissen der geistlichen und ***‚charismatischen Erneuerung‘*** *in allen menschlichen Bereichen und Aktivitäten. Es ist meine feste Hoffnung, dass der Heilige Geist mehr und mehr willkommen geheißen wird in den Herzen der Gläubigen, so dass die Kultur von Pfingsten, die so notwendig in unserer Zeit ist, sich ausbreiten kann.“*

In seinem Buch „*Zur Lage des Glaubens*“ äußerte sich Kardinal Ratzinger zur „Charismatischen Erneuerung“:

*„Was in der Breite der Gesamtkirche – gerade auch inmitten der Krise der Kirche in der westlichen Welt – hoffnungsvoll stimmt, ist das Aufbrechen neuer Bewegungen, die niemand geplant hat und die niemand gerufen hat, sondern die einfach aus der inneren Vitalität des Glaubens selbst kommen. In ihnen zeichnet sich – sehr leise wohl – doch so etwas wie eine pfingstliche Stunde in der Kirche ab. Ich denke etwa an die ‚**Charismatische Bewegung**', an Neokatechumenat, Cursillo, Fokolare, Communione e Liberazione usw. … Ich finde es wunderbar, dass der Geist wieder einmal stärker ist als unsere Planungen und sich ganz anders zur Geltung bringt, als wir es uns vorgestellt hatten. … Unsere Aufgabe – die Aufgabe der Amtsträger in der Kirche und der Theologen – ist es, ihm die Tür offen zu halten, den Raum vorzubereiten" (S. 41–43).*

*„Die Zeit nach dem Konzil schien den Hoffnungen von Johannes XXIII. kaum zu entsprechen, der sich ein ‚**neues Pfingsten**' versprach. Jedoch ist sein Gebet nicht unerhört geblieben: Im Herzen einer vom rationalistischen Skeptizismus ausgetrockneten Welt ist eine **neue Erfahrung des Heiligen Geistes** entstanden, die das Ausmaß einer **Erneuerungsbewegung auf Weltebene** angenommen hat. Was das Neue Testament in Bezug auf die **Charismen** als die sichtbaren Zeichen für das Kommen des Geistes schreibt, ist nicht mehr nur alte, endgültig vergangene Geschichte: Diese Geschichte wird heute erregende Aktualität"* (S. 159).[10]

10 Joseph Kardinal Ratzinger, *Zur Lage des Glaubens*, Neue Stadt Verlag, München 1985. Das Buch wird inzwischen neu im Verlag Herder – Herder spectrum Band 5861, Freiburg 2007 – herausgegeben.

Oben: *Der weltbekannte Päpstliche Prediger P. Raniero Cantalamessa OFMCap, ein feuriger Anhänger der CE, am 9./10. Mai 2009 in der Pilgerkirche der Gebetsstätte Wigratzbad.* Unten: *P. Mathew Naikomparambil V.C., Gründer und Leiter des geistlichen Zentrums in Potta/Kerala, mit Sr. Margaritha Valappila, die das Evangelisationszentrum Haus Raphael in Bad Soden-Salmünster leitet.*

Wie kann ich mit der „Charismatischen Erneuerung“ in Kontakt kommen?

Viele Menschen haben von der „Charismatischen Erneuerung" (CE) gehört. Sie möchten sie näher kennen lernen, doch in ihrer Nähe gibt es keine charismatischen Gruppen und Gemeinschaften. Welche Möglichkeiten haben sie?

Im Internet gibt es die Seite **www.erneuerung.de**. Sie bietet viele Adressen, so z.B. die der Diözesanverantwortlichen. Diese kennen die entsprechenden Gebetsgruppen und Gemeinschaften, sie wissen auch, wo Einführungsseminare und Gottesdienste in ihrer Diözese stattfinden. Listen mit den Adressen der Diözesanverantwortlichen kann man auch im Büro der CE Deutschland anfordern.[11] Sie sind ferner in der Zeitschrift „Rundbrief für Charismatische Erneuerung in der katholischen Kirche" abgedruckt, die von Klaus und Marie-Luise Ritter in Passau herausgegeben wird und dort bestellt werden kann.[12]

Besuch von Einführungsseminaren

Weiterhin sind auf der Internetseite der „Charismatischen Erneuerung" – nach Postleitzahlen geordnet – alle Orte zusammengestellt, an denen es Gebetsgruppen und charismatische Gottesdienste gibt. Der jeweils genannte Ansprechpartner kann über Zeitpunkt und Ort der Veranstaltung informieren. Auch finden sich dort die Orte, an denen regelmäßig Einführungsseminare, die so genannten „Leben-im-Geist-Seminare" stattfinden. Ein solches Seminar bietet die beste, weil umfassendste und gründlichste Gelegenheit, die „Charismatische Erneuerung" kennen zu lernen.

Diese Seminare umfassen in der Regel im Wochenabstand acht Abende. Das Teilnehmerheft „Leben im Geist"

11 Siehe Anhang, S. 86.
12 Siehe Anhang, S. 87.

dient dabei als Leitfaden für die tägliche Meditation. Auch Wochenendseminare können mit auswärtigen Leitern an jedem Ort durchgeführt werden, also auch dort, wo es bis jetzt noch keine Gruppen gibt. Die jeweiligen Diözesansprecher können solche Seminarleiter benennen.

Ferner bieten zwei Bildungshäuser Einführungsseminare an: das „Haus Raphael" in Bad Soden-Salmünster und die Gebetsstätte Wigratzbad im Allgäu. In Bad Soden-Salmünster hat Schwester Margaritha Valappila ein Charismatisches Zentrum aufgebaut. Sie veranstaltet dort u.a. auch monatliche Gebetstage, zu denen bis zu 800 Besucher kommen. Weitere Häuser mit charismatischen Veranstaltungen, z.B. mit Seminaren für „Innere Heilung", sind das „Haus St. Ulrich" in Hochaltingen sowie das Katholische Evangelisationszentrum in Maihingen. Beide Orte liegen in Schwaben in der Nähe von Nördlingen. Ehe- und Familienfragen greift das Haus „Familien mit Christus" in Heiligenbrunn bei Landshut auf.[13] In Wigratzbad halten auch charismatische Patres aus Kerala/Indien hervorragende Seminare, die eine fundierte Einführung in den katholischen Glauben bieten. Sie sind deshalb auch für Leute geeignet, die dem Glauben noch fern stehen. Ich selbst konnte schon öfters bei solchen Exerzitien Beichte hören und habe dabei sehr viele Bekehrungen erlebt.

Wenn an einem Ort bzw. in einer Gemeinde Interesse besteht, Näheres über die „Charismatische Erneuerung" zu erfahren, kann man auch einen Referenten einladen und einen Informationsabend oder einen Einkehrtag veranstalten. Entsprechende Adressen sind über die Diözesanverantwortlichen oder im CE-Büro in Maihingen zu erfragen.[14]

13 Nähere Angaben zu diesen Häusern siehe Anhang, S. 86.
14 Siehe Anhang, S. 86.

Weitere Kontaktmöglichkeiten

Im CE-Büro kann man die Zeitschrift *„CE-Infodienst“* bestellen. Sie behandelt viele Themen der „Charismatischen Erneuerung“ und weist auf alle größeren Veranstaltungen hin. Sie wird Interessierten kostenlos zugesandt.

Hier werden auch immer die großen „Deutschlandtreffen“ angekündigt, die in den letzten Jahren in Fulda stattgefunden haben. Diese Treffen sind eine hervorragende Möglichkeit, die „Charismatische Erneuerung“ kennen zu lernen und sich gründlich über sie zu informieren.

Für Jugendliche werden alljährlich Jugendferienlager sowohl in Nord- als auch in Süddeutschland veranstaltet. Hier werden die jungen Menschen in einer freudigen, aber tief religiösen Weise in den Glauben eingeführt. Viele Teilnehmer berichten hinterher begeistert, dass sie Jesus ganz neu erlebt hätten.

Diese Jugendlichen und weitere Interessierte treffen sich danach in den verschiedenen deutschen Diözesen alle acht Wochen, um ihre Erfahrungen zu vertiefen.

Für die Neun- bis Zwölfjährigen werden jeweils auch „Confetti“-Lager angeboten, wo sie den Glauben auf kindgerechte Weise kennen lernen können.

Für theologisch Interessierte – also besonders für Priester und Seelsorger – ist im Büro der CE Deutschland die Schrift *„Der Geist macht lebendig“* erhältlich. Es handelt sich hier um eine Zusammenfassung der theologischen und pastoralen Grundlagen der „Charismatischen Erneuerung“. Sie wurde seinerzeit für die Deutsche Bischofskonferenz erstellt, die sie zustimmend zur Kenntnis genommen hat. Hier werden besonders auch die Geistesgaben von theologischer Seite her beleuchtet.

CDs und DVDs über die „Charismatische Erneuerung“

Über das CE-Büro kann man auch eine DVD mit dem Titel *„Ein neues Pfingsten“* bestellen. Sie erschien zum 40-jährigen Jubiläum der „Charismatischen Erneuerung“. Die DVD enthält u.a. Mitschnitte der Rede Johannes‘ XXIII. zu Beginn des II. Vatikanischen Konzils, in der er um ein „Neues Pfingsten“ bittet, ebenso Ausschnitte aus Reden seiner Nachfolger zur Würdigung der „Charismatischen Erneuerung“. Auch Berichte von Augenzeugen, die das „Duqusne-Weekend“ miterlebt haben, finden sich auf dieser DVD, ferner Ausschnitte aus großen charismatischen Treffen, die die Begeisterung der von Gottes Gegenwart erfüllten Gläubigen wiedergeben. Bischöfe, Priester und Laien berichten ferner, wie sehr sie sich vom Heiligen Geist beschenkt fühlen und wie sich diese Erfahrung positiv auf ihr seelsorgliches und berufliches Tun ausgewirkt hat.

Auf meiner eigenen Seite im Internet **www.Gott-lebt.de** finden sich unter „Veranstaltungen und Vorträge“ acht CDs mit den Vorträgen des Einführungsseminars „Neues Leben im Heiligen Geist“, die vor einigen Jahren „Radio Horeb“ gesendet hat. Man kann sie downloaden, ebenso die vier Sendungen, die der hier vorliegenden Broschüre zugrunde liegen.

Schließlich ist hier auch die Reihe mit sechs CDs über jene Gaben des Heiligen Geistes zu finden, die der hl. Paulus im 12. Kapitel des 1. Korintherbriefs anführt. Das Wissen über diese Charismen ist für die Neuevangelisation unverzichtbar.

Nach dem Besuch eines „Leben-im-Geist-Seminars“ oder dem Kennenlernen der „Charismatischen Erneuerung“ kann der Wunsch entstehen, in der eigenen Gemeinde selbst eine Gebetsgruppe zu gründen. Oft ist es hilfreich, zunächst darum zu beten, dass eine solche Gruppe entstehen möge. Man kann den Herrn auch bitten, einen zu zeigen, wer dafür vielleicht offen ist. Es ist gut, solche Leute anzusprechen und sie zu fragen, ob sie nicht mitmachen möchten.

Als Beispiel möchte ich im Folgenden zeigen, wie es bei uns in München begonnen hat:

Sr. Erna Schmid, die sich in der CE München engagiert, hat eine reiche Erfahrung mit charismatischen Gebetsgruppen. Sie bilden ein wesentliches Element der Erneuerung.

Wie oben berichtet kam Schwester Erna Schmid im Herbst 1971 für ein Studienjahr zu uns nach München. Als ich sie nach meinem nächtlichen Erlebnis Anfang Juni kennen lernte, schlug sie vor, dass wir beide mit einer Gebetsgruppe beginnen sollten. Als wir uns zum ersten Mal trafen und uns eben hingesetzt hatten, läutete es an der Tür. Eine Bekannte von Schwester Erna kam und wollte sie besuchen. Als Erna sagte, dass wir gerade dabei seien, zu beten, meinte diese: „Ach, da kann ich doch gleich mitmachen." Kaum hatte sie Platz genommen, läutete es ein zweites Mal, und wieder wollte eine Bekannte sie besuchen. Auch sie war spontan bereit, mitzubeten. An diesem

Nachmittag waren wir also schon zu viert und innerhalb kurzer Zeit wuchs dieser Kreis auf über 40 Personen an. Nicht immer wird es freilich so schnell gehen, aber es lohnt sich allemal, damit zu beginnen.

Der Ablauf von Gebetsabenden

Ein Gebetsabend beginnt in der Regel mit dem Lobpreis. Es gibt in der Erneuerung eine große Anzahl sehr schöner neuer Lieder, die teilweise auch durch „Radio Horeb" bekannt geworden sind. Inzwischen sind auch entsprechende Liederbücher erschienen, so etwa das *„Jubilate Deo"*, das am Weltjugendtag in Köln an alle Jugendlichen verteilt worden ist. Auf die Dauer ist es auch gut, wenn ein Gitarrenspieler der Gruppe angehört oder wenn jemand aus der Gruppe das Gitarrenspiel erlernt. Ich selbst habe es noch im Alter von 50 Jahren gelernt.

Oft wird in Gebetskreisen auch in Sprachen gebetet und gesungen. Beides ist ja schon im Neuen Testament bezeugt (1 Kor 14,15). Im gleichen Kapitel findet sich auch ein Text, der sich gut auf das Leben in einer Gebetsgruppe anwenden lässt. Da heißt es: „Wenn ihr zusammenkommt, trägt jeder etwas bei: einer einen Psalm, ein anderer eine Lehre, der dritte eine Offenbarung; einer redet in Sprachen und ein anderer deutet es. Alles geschehe so, dass es aufbaut" (1 Kor 14,26).

Nach dem anfänglichen Singen beginnt die Gruppe häufig mit frei formulierten Gebeten, z.B. mit Dankgebeten. Oft entstehen auch spontan kleine Litaneien der Anbetung, des Dankes oder des Lobpreises, wobei die einzelnen Anrufungen von den Teilnehmern kommen, z.B. „Du bist das Licht der Welt" – worauf alle antworten: „Wir beten dich an".

Später empfiehlt es sich auch, mit der Bibelarbeit zu beginnen, evtl. nach der Methode des „Bibelteilens". Hier können nach dem Lesen eines Abschnitts aus dem Evangelium oder eines Psalms die Teilnehmer einzelne Worte oder Sätze in die Stille hinein sprechen. Dies fällt besonders neuen Teilnehmern relativ leicht. Im anschließenden Gespräch kann jeder sagen, was ihm diese Bibelstelle persönlich bedeutet oder wie er sie in seinem Leben umzusetzen sucht.

Jeder soll und darf seine Meinung ungehindert mitteilen. Gerade die unterschiedlichen Sichtweisen sind für alle bereichernd. Diskussionen sind jedoch möglichst zu vermeiden.

Die Bibelarbeit kann eventuell auch durch eine „Lehre" ersetzt werden, wenn beispielsweise ein Teilnehmer sich über ein Glaubensthema Gedanken gemacht hat und diese dann in etwa zehn Minuten vorträgt. Themen können die Charismen sein, der Heilige Geist, die Bedeutung des Lobpreises oder entsprechende Bibelstellen. In der Regel kommt es dann zu einem Gespräch, wobei jeder Teilnehmer sagen kann, was ihn besonders anspricht bzw. wie er selbst diese Bibelstelle auslegt.

Nach dieser mehr thematischen Arbeit folgen dann frei formulierte Fürbitten. Diese können alle Themen betreffen, den häuslichen und familiären Bereich, das Weltgeschehen, Probleme in der Kirche, in der Gemeinde oder in der Gesellschaft. Zu beachten ist, dass alles, was in der Gebetsgruppe gesprochen wird, nicht nach „draußen" getragen wird.

Die Teilnehmer können auch um Gebet mit Handauflegung bitten, etwa bei gesundheitlichen Problemen, bei Nöten in der Familie, im Beruf oder im näheren bzw. weiteren Umfeld. Der Abend endet meist mit einem gemeinsamen „Vater unser" und einem Gruß an die Gottesmutter.

Der „Alphakurs" – ein wichtiges Werkzeug für die Neuevangelisation

Schließlich sei in diesem Zusammenhang noch auf den „Alphakurs" hingewiesen. Wo er katholischerseits angeboten wird – was leider noch viel zu wenig der Fall ist – lohnt es sich, ihn in jedem Fall zu besuchen, zumal er die entscheidenden Glaubensfragen sehr gut und gründlich behandelt. *Dieser Kurs ist meines Erachtens das beste Instrument, um bei einer Neuevangelisierung nicht nur die lauen Christen, sondern auch die Abständigen und die Ungläubigen zu erreichen.* Mit Hilfe der entsprechenden DVDs aus dem Gerth-Verlag kann man sich diese Vorträge auch zu Hause anschauen. Besser wäre aber zweifellos, den Kurs in einer Gemeinschaft zu besuchen, einerseits, weil das Gesagte dann in Gesprächsgruppen bearbeitet werden kann, andererseits, weil das dazugehörige Wochenende mit der Herabrufung des Heiligen Geistes auf alle Teilnehmer den Höhepunkt des Kurses darstellt. An diesen Tagen wird die gnadenreiche Nähe des Herrn in der Regel besonders dicht erfahrbar.

Wer einen solchen Kurs anregen möchte, braucht die nötige Vorerfahrung und einen größeren Mitarbeiterstab, bei dem möglichst viele schon ein „Leben-im-Geist-Seminar" mitgemacht haben sollten. Außerdem ist der vorherige Besuch eines Vorbereitungskurses sehr hilfreich; denn beim Ansprechen Fernstehender ist vieles zu beachten, was in der normalen Seelsorgearbeit sonst nicht nötig ist. Nähere Informationen über diesen Kurs kann man über Johannes Seidel erhalten. Herr Seidel wurde vor einiger Zeit von Bischof Dr. Walter Mixa beauftragt, den Alphakurs in der Diözese Augsburg bekannt zu machen.[15]

15 Kontakt siehe Anhang, S. 86.

Oben: *Eindruck vom Jugendlager JUMP 2009. Zahlreiche junge Menschen erleben auf Veranstaltungen der CE zum ersten Mal einen lebendigen und überzeugenden Glauben.* Unten: *Das Gebet mit Handauflegung ist ein Schlüssel der Erneuerung im Heiligen Geist. Die innere Bereitschaft beantwortet der Herr mit seinen Gaben.*

Anhang

Webseiten im Internet:

Dr. Hansmartin Lochner, Königsdorf:
www.gott-lebt.de
Katholische Charismatische Erneuerung in Deutschland:
www.erneuerung.de
Internationale Katholische Charismatische Erneuerung, Vatikanstadt: *www.iccrs.org*
Jugendarbeit der CE, Ravensburg:
www.jce-online.de
Kinderarbeit der CE, Mainz:
www.kinderconfetti.de
Initiative Neuevangelisation, Königsdorf:
www.neuevangelisation.de
ICPE Deutschland, Institut für Weltevangelisierung:
www.icpe.de
Abba-Stiftung, Tittmoning:
www.abba-stiftung.de
Gemeinschaft Brot des Lebens, Olching:
www.brotdeslebens.de
Gemeinschaft Neuer Weg, München:
www.gem-nw.de
Gemeinschaft der Seligpreisungen:
http://beatitudes.org
Gemeinschaft Lumen Christi – Maihingen:
www.lumenchristi.de
Gemeinschaft Monte Crucis, Berlin:
www.montecrucis.de
Familien mit Christus, Hohenthann:
www.familienmitchristus.de
Gemeinschaft Chemin Neuf, Berlin:
www.chemin-neuf.org
Koinonia, Diedorf-Biburg:
www.koinonia.generation4christ.de

Gemeinschaft Immanuel, Ravensburg:
www.immanuel-online.de
Jugend der CE München und Augsburg:
www.jce.info
Gemeinschaft Jedidja Würzburg:
www.jedidja.de
FCKW – Jugendliche für Jugendliche:
www.revival.de
Charismatische Erneuerung Österreich:
www.erneuerung.at
Charismatische Erneuerung Linz:
www.ce-linz.at
Katholische Gemeinschaft Emmanuel:
www.emmanuel-info.com/de
Kath. Evangelisationszentrum St. Theresia von Lisieux:
www.haus-raphael-ke.de
Haus St. Ulrich, Hochaltingen (P. Hans Buob SAC):
www.stulrichhochaltingen.de
Haus St. Bernhard, Schwäbisch Gmünd:
www.stulrichhochaltingen.de
Alpha Deutschland, Erlangen:
www.alphakurs.de
Alphakurs für Katholiken :
www.alphakurs.de/kurse/katholisch.html
Materialien für den Alpha-Kurs:
www.gerth.de
Familien mit Christus, Heiligenbrunn:
www.familienmitchristus.de
Initiative Gebetshaus (Johannes Hartl):
www.gebetshaus.org
Sehr gute Vorträge von Johannes Hartl:
http://podcast.revival.de
Liveaufnahmen vom Augsburger Gebetshaus:
www.youtube.com/prayertube

Bildungshäuser der CE:

- **Haus St. Ulrich**, Hochaltingen, St.-Ulrich-Str. 4, 86742 Fremdingen, Tel. 09086-221, Homepage: www.stulrich-hochaltingen.de – eMail: info@St-Ulrich-St-Bernhard.de

- **Katholisches Evangelisationszentrum der Gemeinschaft Lumen Christi e.V.**, Klosterhof 5, 86747 Maihingen, Tel. 09087-929990, Homepage: www.LumenChristi.de – eMail: Gemeinschaft@LumenChristi.de

- **Evangelisations-Zentrum St. Theresia von Lisieux, Haus Raphael**, Parkstraße 2a, 63628 Bad Soden-Salmünster, Tel. 06056-740447, Homepage: www.haus-raphael-ke.de – eMail: Haus-Raphael@Online.de

- **Geistliches Zentrum „Familien mit Christus"**, Heiligenbrunn, 84098 Hohenthann, Tel. 08784-278, Homepage: www.familienmitchristus.de – eMail: info@familienmit-christus.de

Anlaufstellen der CE:

- **Büro der „Charismatischen Erneuerung" in Deutschland**, Birgittenstraße 22, 86747 Maihingen, Tel. 09087-90300, Homepage: www.erneuerung.de – eMail: info@-erneuerung.de

- **„Rundbrief für Charismatische Erneuerung in der katholischen Kirche"**, Klaus und Marie-Luise Ritter, Innstraße 16, 94032 Passau – eMail: kdce@gmx.de

- **Gebetsstätte Wigratzbad**, Kirchstraße 18, 88145 Wigratzbad, Tel. 08385-92070, Homepage: www.gebetsstaet-te.de – eMail: info@gebetsstaette.de

- **Referat für Neuevangelisierung und Alphakurse der Diözese Augsburg**, Leitung: Dipl. Theol. Johannes Seidel,

Dorfstraße 18, 82347 Bernried am Starnberger See, Tel. 08158-904989, Homepage: www.bistum-augsburg.de – eMail: neuevangelisierung@bistum-augsburg.de

Zeitschriften der CE:

• **„CE- Infodienst“**, hrsg. vom Verein zur Förderung der Charismatischen Erneuerung in der Katholischen Kirche e.V. (CE-Koordinierungsgruppe) – Büro Deutschland: Birgittenstraße 22, 86747 Maihingen, Tel. 09087-90300, Homepage: www.erneuerung.de – eMail: info@erneuerung.de

• **„Rundbrief für Charismatische Erneuerung in der katholischen Kirche“**, Klaus und Marie-Luise Ritter, Innstraße 16, 94032 Passau – eMail: kdce@gmx.de

Bücher zur CE:

• **„Der Geist macht lebendig“**, hrsg. von der *Koordinierungsgruppe der „Charismatischen Erneuerung“ in der kath. Kirche Deutschlands.*[16] Hier geht es um die theologischen und pastoralen Grundlagen dieser Erneuerungsbewegung.

• **„Pfingsten ist nicht vorbei“** von *Beate Beckmann-Zöller*, hrsg. von der „Charismatischen Erneuerung“ Deutschlands. € 6.90[16] Der Weg von Sr. Elena Guerra, die in der Neuzeit als Erste die Notwendigkeit des Gebets um eine Neuausgießung des Heiligen Geistes erkannt hat. Ein Bericht über ihr Leben und ihren Briefwechsel mit Papst Leo XIII.

• **„Das Kreuz und die Messerhelden“** von *David Wilkerson*, € 5.– Dieser Bericht ist ein „Klassiker“. Er zeigt, wie Gott auch heute eingreift und Menschen so führt, dass andere – Jugendliche und Süchtige – gerettet werden können. Spannend wie ein Krimi.

16 Das Buch ist erhältlich im CE-Büro in Maihingen – Kontakt siehe Anlage, S. 86.

• **„Die glücklichsten Menschen auf Erden"** von *Demos Shakarian*, € 5.00 – Der Verfasser erzählt, wie Gott in sein Leben hineingewirkt und viele wunderbare Dinge getan hat. Ein den Glauben stärkendes Buch.

• **„Ich suchte stets das Abenteuer"** von *Merlin Carothers*, € 5.00 – Ein Abenteurer erlebt, wie Jesus sein Leben verändert und ihn anleitet, Gott auch in Not und Bedrängnis zu loben und zu danken.

• **„Von der Sünde zur Freiheit"** von *Józef Kozlowski SJ*, € 6.40 – Wie der moderne Mensch unter Führung des Heiligen Geistes auch heute zu Jesus Christus finden kann.

• **„Jesus lebt heute"** von *Sr. Margaritha Valappila*, € 8.50 In ihren Exerzitien berichtet die indische Schwester, wie der Auferstandene auch heute unter uns machtvoll wirkt. Ein eindrucksvolles Zeugnis.

• **„Familienschuld und Heilung"** von *Kenneth McAll*, € 15.30 – Ein anglikanischer Arzt weist nach, dass ungesühnte Schuld sich im Leben von Einzelnen oder Familien häufig unheilvoll auswirkt. Und er zeigt Wege der Hilfe.

• **„Das heilende Licht"** von *Agnes Sanford*, € 7.40 – Eines der besten Bücher über die Heilungsgabe. Es zeigt an vielen Beispielen, dass Jesus auch heute heilt, wenn gläubige Menschen für Kranke beten.

• **„Und heilt all deine Gebrechen"** von *P. Jörg Müller*, € 9.90 – P. Prof. Dr. Jörg Müller, ein erfahrener katholischer Psychotherapeut, beschreibt den Zusammenhang von Gesundheit, Krankheit, Heil und Heilung.

• **„Wege der Heilung"** von *Monika Dörflinger*, D&D Medien Ravensburg. Die Verfasserin, die selbst Heilpraktikerin ist, zeigt, welche alternative Heilmethoden vom

Glauben her unbedenklich sind, und vor welchen gewarnt werden muss.

• **„Alternative Heilverfahren“** von *P. Dr. Jörg Müller*, € 10.00 – Auch hier geht es darum, die verschiedenen heute in Mode gekommenen neuen Heilweisen aus christlicher Sicht zu beurteilen.

• **„Esoterik und christlicher Glaube“** von *Pater Clemens Pilar*, Eigenverlag, Gebrüder Lang Gasse 7, A-1150 Wien, Tel./Fax: 0043 1 893 43 12, eMail: juengergem.kala@a1.net Auch hier geht es um die Gefahr, die von alternativen Heilweisen ausgeht.

• **„Verwünscht, verhext, verrückt oder was?“** von *P. Jörg Müller*, € 9.60 – Prof. Dr. Jörg Müller bietet hier Hilfen an für Menschen, die durch okkulte oder satanische Praktiken gestört wurden. Er zeigt, wie Befreiungsgebete Hilfe bringen können. Solche Gebete sind hier auch abgedruckt.

• **„Frag die Sterne lieber nicht! Ein Star-Astrologe wird Christ“** von *Uwe Matthias Kraus*, € 16,40 – Ein auf astrologische Wirtschaftsvorhersagen spezialisierter Journalist berichtet von seinem Weg zurück zum Glauben. Er warnt zugleich eindringlich vor den heute in Mode gekommenen esoterischen und okkulten Handlungsweisen.

• **„Jesus hat mich berührt“** von *Pater Joseph K. Bill*, € 4.50 – Pater Bill, der schon viele Exerzitien in Deutschland gehalten hat, beschreibt seine Heilung und seine Bekehrung. Wichtige Grundgedanken seiner Vorträge sind hier skizziert.

• **„Jesus liebt dich!“** von *Pater Joseph K. Bill*, € 10.00 – Hier sind Vorträge der bekannten Heilungs-Exerzitien von Pater Bill zusammengefasst und durch Heilungsgebete ergänzt.

Bücher von Kathryn Kuhlman:

• **„Ich glaube an Wunder"** (2002), **„Er half mir"** (2002), **„Bei Gott ist nichts unmöglich"** (2002), Asaph-Verlag, je Taschenbuch € 9,00; im 3er Buchpaket € 14,95. Wer miterleben will, wie Gott auch heute noch große Wunder tut, soll diese Berichte über Heilungen und Geheilte lesen. Eine umwerfende Lektüre!

Nur noch antiquarisch erhältliche Bücher:

Patti Gallagher Mansfield, Autorin mehrerer Bücher, verheiratet, Mutter von vier Kindern, ist eine Protagonistin der CE in den USA.

• **„Wie ein neues Pfingsten"** von *Patti Gallagher Mansfield*, € 7.70[17] – Ein Buch über die Anfänge der katholisch-charismatischen Erneuerung in den USA im Jahre 1967.

• **„Man nennt ihn Mr. Pentecost"** von *Bob Slosser.* Die Geschichte von David du Plessis, der mitgeholfen hat, dass viele katholische Bischöfe beim 2. Vat. Konzil über die Heilig-Geist-Erfahrungen der Pfingstler informiert wurden.

• **„Ihr werdet Kraft empfangen"** von *Don Basham*, € 4.00 – Eine hervorragende Hinführung zur Sprachengabe, die schon vielen Menschen geholfen hat, diese Gabe zu verstehen und von Gott zu erbitten.

17 Das Buch ist erhältlich im CE-Büro in Maihingen – Kontakt siehe Anlage, S. 86.

• **„Jesus lebt“** von *P. Emiliano Tardif*, € 6.60 – Ein Priester wird durch Gebet geheilt. Er entdeckt, dass Gott ihm die Gabe der Heilung und der Erkenntnis schenkt, damit Menschen in aller Welt zum Glauben an den auferstandenen Herrn kommen.

• **„Jesus ist der Messias“** von *P. Emiliano Tardif*, € 2.60 – Der Verfasser berichtet über körperliche und seelische Heilungen und beantwortet Fragen zur Heilungsgabe und zur Neuevangelisation.

• **„Die erste Liebe“** von *Gertrud Rességuier*, € 7.40 – Elf Priester berichten, wie sie nach einer Krise in der Kraft des Heiligen Geistes einen neuen, beglückenden Anfang erleben durften.

• **„Ich konnte weiter leben – und ließ den Krebs hinter mir“** von *Anita Spohn*, € 4.50 – Nach der Diagnose Krebs wird die Verfasserin Schritt für Schritt einen Weg geführt, der über die Vergebung zu einem immer tieferen Vertrauen zu Gott und schließlich zur Heilung führte. Ein Buch, das sich auch für Schwerkranke eignet.

Vorträge auf CDs und DVDs:[18]

Vorträge: (CD)
- Die „Charismatische Erneuerung“
- Die Initiative Neuevangelisation
- Die „Charismatische Erneuerung“ – warum und wozu?
- Wie ist die „Charismatische Erneuerung“ entstanden?
- Wie kann ich die „Charismatische Erneuerung“ kennen lernen?
- Warum tut sich die „Charismatische Erneuerung“ in Deutschland so schwer?

18 Unter **www.multimedia.gott-lebt.de** ist ein Download dieser Audio-Dateien möglich.

Das Seminar „Neues Leben im Heiligen Geist“: (CD)
- „Leben-im-Geist-Seminar“ – was ist das?
- Gott ist Liebe
- Erlösung – wovon?
- Das neue Leben
- Umkehr – aber wie?
- Erfüllt vom Heiligen Geist
- Wachstum im Glauben

Das Gabenseminar: (CD)
- Gabe der Prophetie
- Gabe der Weisheit
- Gabe der Heilung
- Sprachengabe
- Gabe der Erkenntnis
- Gabe der Unterscheidung der Geister

Video: (DVD)[19]

- Ein neues Pfingsten – Die „Katholische Charismatische Erneuerung“

Liederbücher (Auswahl):

- **„Die besten Songs“**, Liederheft, hrsg. von Immanuel-Lobpreiswerkstatt, D&D-Medien-Verlag, € 5,90
- **„Jubilate Deo“**, hrsg. von Jugend 2000 International, Raingasse 5, 89284 Pfaffenhofen-Beuren
- **„Singet dem Herrn“**, hrsg. vom Evangelisationswerk Regensburg, Spitalstraße 15, 93138 Kareth
- **„Singe Jerusalem“**, hrsg. von „Brüder Jesu im Heiligen Geist“, Florianbergstraße 13, A-8054 Graz
- **„Du bist Herr“**, Projektion J, Wiesbaden
- **„Feiert Jesus“**, Hänssler-Verlag, Holzgerlingen

19 Das Video ist erhältlich im CE-Büro in Maihingen – Kontakt siehe Anlage, S. 86.

Oben: *Hl. Messe mit Dr. Hansmartin Lochner auf einem Einkehrtag in Hemau (Diözese Regensburg).* Unten: *Deutschlandtag der CE 2009 in Fulda. Was die Begegnungen der „Charismatischen Erneuerung" auszeichnet ist, die Freude am Glauben. Die Zeugnisse lassen die Tiefe und Echtheit der Erneuerung spüren.*

Verlagszeitschrift KIRCHE *heute*

Mit **KIRCHE *heute*** erhalten Sie monatlich in ansprechender Aufmachung und übersichtlicher Gestaltung:

- den Standpunkt der Kirche und klare Orientierung in Fragen des Glaubens
- aufbauende Berichte über aktuelle Ereignisse und Entwicklungen
- spirituelle Hilfen für das persönliche religiöse Leben
- eine ausführliche Programmbeilage für katholische Fernseh- und Radiosender: K-TV, EWTN-TV, Radio Vatikan, Radio Horeb, Domradio Köln

Joseph Kardinal Ratzinger hat kurz vor seiner Wahl zum Papst in einem Geleitwort (siehe **KIRCHE *heute*** Nr. 1/2005) die Zeitschrift wärmstens empfohlen (um den mittleren Abschnitt gekürzt siehe auf nebenstehender Seite).

KIRCHE *heute* wird unter der Verantwortung von Weihbischof Prof. Dr. Andreas Laun (Salzburg) herausgegeben.

Abonnements:
Schnupper-Abonnement (drei Ausgaben): € 6,–; Dauer-Abonnement (2010): € 30,–/Jahr; ein Probeheft erhalten Sie gratis.

Bestellanschrift:
Kirche heute Verlags gGmbH, Postfach 1406, D - 84498 Altötting, Tel. 08671-880430, Fax: 08671-880431, eMail: buero@kirche-heute.de

Geleitwort für KIRCHE *heute*

Wie wenige andere Zeitschriften im deutschsprachigen Raum hat sich KIRCHE *heute* den Gedanken der Neuevangelisierung zum Leitwort gemacht. Diese Zeitschrift ist darum bemüht, sich den Herausforderungen der Gegenwart zu stellen und den Standpunkt der Kirche ansprechend und kompetent darzulegen. Im Gegensatz zu vielen anderen Publikationen werden die Aufbrüche und das Gute, das in der Kirche und durch sie geschieht, hier nicht verschwiegen. …

KIRCHE *heute* erhebt zu brennenden und unbequemen Themen die Stimme. Dies gilt etwa für Fragen des Lebensschutzes und der Förderung von Ehe und Familie. Hier hat sich vor allem Weihbischof Dr. Andreas Laun aus Salzburg mit seinen Beiträgen große Verdienste erworben. Gerade die neu eingeführte Programmbeilage für katholische Fernseh- und Radiosender beweist, wie sehr eine authentische und zeitgemäße Verkündigung des katholischen Glaubens das Charakteristikum für KIRCHE *heute* ist. Daher wünsche ich dieser Zeitschrift eine erfolgreiche Zukunft als Werkzeug, mit dem die Stimme der Kirche viele Menschen erreichen und die Gläubigen zu wahrer Erneuerung anspornen kann.

Mit herzlichen Grüßen und Segenwünschen

Joseph Card. Ratzinger

Titel im Verlag kirche *heute*

Die spannende Geschichte der Gebetsstätte Wigratzbad

Alfons Sarrach, geb. 1927 in Danzig, studierte nach dem 2. Weltkrieg Philosophie, Theologie und Psychologie in Rom, Paris, Posen und Warschau. Seit Jahrzehnten arbeitet er als unabhängiger Journalist und begleitet mit erfolgreichen Veröffentlichungen die internationale Politik und das Leben der Kirche.

Sein Buch über die Geschichte der Gebetsstätte Wigratzbad, geschrieben auf Bitten von Erzbischof Dr. Josef Stimpfle (1916-1996), betrachtet er selbst als einen Höhepunkt seines Lebenswerks. Es geht um das unglaubliche Abenteuer einer begnadeten Frau, Antonie Rädler (1899-1991), durch die der Himmel in die Weltgeschichte eingegriffen hat. Erstmals werden die geheimnisvollen Umstände der Entstehung des Marienheiligtums in einer einzigartigen Gesamtschau publiziert.

Alfons Sarrach: Sieg der Sühne. Wigratzbad: Marias Botschaft an den Menschen, 192 Seiten, € 9,90 – Bestellanschrift: s. S. 94.

Das Geheimnis der Jakobuswallfahrt

Das Pilgern auf dem traditionellen Jakobusweg erlebt in unseren Tagen einen regelrechten Boom. Noch vor 30 Jahren konnte sich niemand eine solche Entwicklung vorstellen. Die Wallfahrt zum Grab des hl. Apostels Jakobus in Santiago de Compostela findet vor allem auch unter Menschen Interesse, die der Kirche und dem Glauben fern stehen.

Der Augsburger Diözesanpriester Thomas Maria Rimmel, seit vielen Jahren Direktor der Gebetsstätte Wigratzbad, beleuchtet das Geheimnis der Jakobuswallfahrt auf der Grundlage eigener Erfahrungen. Hinter dem „äußeren Aufbrechen" entdeckte er bei den meisten Pilgern ein tiefes geistliches Bedürfnis, letztlich eine Suche nach Jesus Christus.

Thomas Maria Rimmel: Weg zu Gott. Das Geheimnis der Jakobuswallfahrt, 64 Seiten, € 4,95 – Bestellanschrift: s. S. 94.